新3観点

小学校
新指導要録
記入文例1000

藤岡秀樹 編著

日本標準

はじめに

2017（平成 29）年に小学校の学習指導要領が改訂され，2020（令和 2）年度から全面実施された。新学習指導要領では，「資質・能力」の 3 つの柱である「知識及び技能」「思考力，判断力，表現力等」「学びに向かう力，人間性等」が提示され，「カリキュラム・マネジメント」と「主体的・対話的で深い学び」が重視されている。そして，「社会に開かれた教育課程」の実現をめざし，以下の 6 点にわたり「カリキュラム・マネジメント」を実行することになっている。

①何ができるようになるか（育成をめざす資質・能力）

②何を学ぶか（教科等を学ぶ意義と，教科等間・学校段階間のつながりを踏まえた教育課程の編成）

③どのように学ぶか（各教科等の指導計画の作成と実施，学習・指導の改善・充実）

④子ども一人一人の発達をどのように支援するか（子どもの発達を踏まえた指導）

⑤何が身に付いたか（学習評価の充実）

⑥実施するために何が必要か（学習指導要領等の理念を実現するために必要な方策）

学習指導要領の改訂を受けて，2019（平成 31）年 3 月に文部科学省は各都道府県教育委員会に指導要録の改訂の通知（『小学校，中学校，高等学校及び特別支援学校等における児童生徒の学習評価及び指導要録の改善等について』）を出した。

学習の評価では，従前と同様に「目標に準拠した評価」を行うことになっている。適切に評価するためには，「指導と評価の一体化」を図ることが強く求められている。ただし，子どもの学習の全体像を「見取る」ことをせず，「評価のための指導」にならないよう留意することが大切である。

改訂された指導要録の特徴としては，「観点別学習状況」の評価観点が，すべての教科で「知識・技能」「思考・判断・表現」「主体的に学習に取り組む態度」の 3 つに統一されたことである。「資質・能力」の 3 つの柱の 1 つである

「学びに向かう力，人間性等」は，「主体的に学習に取り組む態度」が該当するが，「感性，思いやりなど」は観点別評価になじまず，個人内評価で行う。また，道徳が「特別の教科　道徳」になり（教科化），指導要録でも評価するのも大きな変化である。

　本書は，指導要録の記入にあたって，どのような視点で取り組めばよいのかについてまとめている。指導要録のすべての記入事項について触れているが，特に今回の改訂で変更された点や記入に際して疑問を抱きやすい点については，Q&A方式で解説を行い，併せて具体的な記入例を挙げることにした。

　指導要録は，主に学年末に記入するものであるが，記入されたものを次年度以降の担任や上級学校の担任が絶えず読み返し，指導に際して役立てることが大切である。

　1学期の初めから，補助簿や個人カルテなどを作成し，子ども一人一人の学習と成長の「歩み」を継続的・分析的に記録しつづけることが肝要である。子どもを多面的な視点から「見取る」ことは，けっして容易なものではないが，各学校で創意工夫を凝らし，同僚性を高めて取り組まれることを期待したい。

　本書は，2003年に初版を刊行し，指導要録の改訂に対応して改訂を行い，今回は2回目の改訂である。読者アンケートでは，コンパクトで使いやすい，文例が多いので助かるなどの好意的な評価をいただいた。本書が指導要録の記入と子どもの指導に役立てれば幸甚である。

　2021年2月

　　　　　　　　　　　　　　　　　　　　　　　　藤岡秀樹

目　次

第1章　新指導要録のポイント ……………………………… 15

第2章　記入上の注意・取扱い上の注意 ……………………… 28

第3章　学籍に関する記録 ……………………………………… 35

任者氏名印

第11章　出欠の記録

第12章　特別な支援が必要な子どもの指導要録の記入について

第13章　「幼保小連携」と指導要録

＊各章と巻末資料の「評価の観点及びその趣旨」は，「小学校，中学校，高等学校及び特別
　支援学校等における児童生徒の学習評価及び指導要録の改善等について（通知）」より

小学校児童指導要録（参考様式）記入例

→ P.35

様式1は、正式には上下つながっていますが、分かりやすくするために分割して掲載しています。

区分 ＼ 学年	1	2	3	4	5	6
学　級	2	2	1	2	3	3
整理番号	18	18	17	19	17	17

様式1（学籍に関する記録）

● 学籍に関する記録は、原則として学年当初および事由発生時に記入する。
● 現住所等、変更の予想されるものは欄の上部に寄せて記入。

→ P.36 学齢簿の記載にもとづき記入。

家庭調査票などで間違いに気付いたときは、教育委員会と連絡をとって訂正。

→ P.37

学　籍　の　記　録

児童	ふりがな	ひょうじゅん　いちろう	性別
	氏　名	標準　一郎	男
	生年月日	平成 25 年 6 月 1 日生	
	現住所	東京都杉並区○○1丁目2番3号	
保護者	ふりがな	ひょうじゅん　かずお	
	氏　名	標準　和夫	
	現住所	児童の欄に同じ	
	入学前の経歴 → P.38	平成 29 年 4 月から令和 2 年 3 月まで ○○幼稚園在園	

入学・編入学等 → P.38
令和 2 年 4 月 1 日　第 1 学年　入学
第　学年編入学
入学した年月日

転　入　学 → P.39
年　　月　　日　第　学年転入学

転学・退学等 → P.40
（　　　年　　月　　日）
年　　月　　日

卒　業 → P.42
令和 8 年　3 月　31 日
校長が卒業を認定した年月日

進学先 → P.42
杉並区立標準中学校
東京都杉並区○○3丁目1番1号

学校名及び所在地（分校名・所在地等）	杉並区立標準小学校 東京都杉並区○○3丁目31番18号　→P.42		
年度／学年 区分	令和2年度　1	令和3年度　2	令和4年度　3
校長氏名印	鈴木　太郎印	鈴木　太郎印	川地　知子印
学級担任者氏名印	佐藤　美子印	佐藤　美子印	小山　一朗印 （4月～7月、11月～3月） 加藤　容子（8月～10月）
年度／学年 区分	令和5年度　4	令和6年度　5	令和7年度　6
校長氏名印	川地　知子印	川地　知子印	斉藤　隆博印
学級担任者氏名印	小山　一朗印	中島　幸平印	中島　幸平印

文部科学省から示されたこの「参考様式」をもとに各教育委員会が、様式や記入の詳細などを決める。

→P.43
- 氏名は学年当初に記入。ゴム印使用可。
- 押印は原則として学年末とする。
- 同一年内に校長や学級担任者が代わった場合は下に併記。

● 児童氏名、学校名は指導要録作成時に記入。
● 指導に関する記録は、原則として学年末に記入。

様式2-1（指導に関する記録）

児童氏名		学校名	
標準 一郎		杉並区立標準小学校	

様式2-1は、正式には上下つながっていますが、分かりやすくするために分割して掲載しています。また、読みやすくするために、仕切り線を一部変更しています。

区分＼学年	1	2	3	4	5	6
学級	2	2	1	2	3	3
整理番号	18	18	17	19	17	17

各 教 科 の 学 習 の 記 録

教科	観 点＼学 年	1	2	3	4	5	6
国語	知識・技能	B	B	A	A	A	A
	思考・判断・表現	B	B	A	A	A	A
	主体的に学習に取り組む態度	B	B	A	A	A	A
	評定			3	3	3	3
社	知識・技能			B	B	A	A
	思考・判断・表現			B	A	A	A
	主体的に学習に取り組む態度			A	B	A	A
〔…〕	評定				3	3	3

教科ごとに状況と評定を記入する。
観点別学習状況を記入する。
→P.45

学習指導要領に示す各教科の目標に照らして、その実現状況を観点ごとに評価し記入する。
「十分満足できる」状況と判断されるものをA、「おおむね満足できる」状況と判断されるものをB、「努力を要する」状況と判断されるものをCのように区別して評価を記入する。

観点別学習状況をもとに、学習指導要領等に示す各教科の目標に照らして、その実現状況を総括的に評価し記入する。
「十分満足できる」状況と判断されるものを3、「おおむね満足できる」状況と判断されるものを2、「努力を要する」状況と判断されるものを1のように区別して評価を記入する。

特 別 の 教 科 道 徳

学年	学習状況及び道徳性に係る成長の様子
1	自分の生活を振り返ることができ、友達のよさを様々な視点から考えることができ、友達を大切にしたいという思いを強くしていた。
2	人間と同じように動植物にも命があることに気付き、身の回りにある動植物を大切にするためにできることをしたいという意欲を高めていた。
3	
4	事実を究明しようとする主人公に共感し、真理を探究し続けることについて自分の考えをワークシートにまとめるなど考えを深めていた。
5	
6	環境保護のボランティア活動をする人々の願いに気付き、生活の中で自分ができることは何かと多様な視点から深く考える姿が見られた。

学習活動における児童の学習状況や道徳性に係る成長の様子を個人内評価として文章で記述する。 →P.55

外 国 語 活 動 の 記 録

学年	知識・技能	思考・判断・表現	主体的に学習に取り組む態度
3	「Hello!」の学習で、世界の様々な言語でのあいさつを知り、自分の名前を英語で言って、進んで支援やALTとあいさつをかわすことができた。		
4			

評価の観点に照らして、児童の学習状況に顕著な事項がある場合にその特徴を記入する等、児童にどのような力が身に付いたかを文章で端的に記述する。 →P.64

各教科の学習の記録

教科	観点					
音楽	知識・技能	B	B	B	B	
	思考・判断・表現	B	A	B	B	
	主体的に学習に取り組む態度	B	A	A	A	
	評定		3	2	2	
図画工作	知識・技能	A	A	A	A	
	思考・判断・表現	B	B	B	B	
	主体的に学習に取り組む態度	A	A	B	B	
	評定		3	3	3	
家庭	知識・技能	B	B	B		
	思考・判断・表現	A	A	B		
	主体的に学習に取り組む態度	B	B	B		
	評定		2	2		
体育	知識・技能	C	B	B	B	
	思考・判断・表現	B	A	A	A	
	主体的に学習に取り組む態度	B	B	A	A	
	評定		2	3	3	
外国語	知識・技能	B	B	B		
	思考・判断・表現	B	B	B		
	主体的に学習に取り組む態度	B	B	B		
	評定		2	2		

総合的な学習の時間の記録

学年	学習活動	観点	評価
3	郷土食のよさを伝えよう	・情報収集能力 ・まとめ・表現する力	郷土食保存の人々へのインタビューを工夫し、郷土食のよさを絵や図で分かりやすく表現して発表できた。
4			
5			
6			

学習活動及び各学校が自ら定めた評価の観点を記入した うえで、それらの観点ごとの学習状況に顕著な 事項がある場合にその特徴を記入する等、児童にどのよ うな力が身に付いたかを文章で端的に記述する。評価の 観点については、小学校学習指導要領等に示す総合的な 学習の時間の目標を踏まえ、各学校において具体的に定 めた観点に基づいて、内容及びその趣旨を記入する。「各教科等・各学年等の評価 の観点及びその趣旨を参考に定める。 →P.71

特別活動の記録

内容	観点	1	2	3	4	5	6
学級活動	●集団活動や生活についての知識・技能 ●集団や自己の生活についての思考・判断・表現 ●主体的に生活や人間関係をよりよくしようとする態度	○	○	○	○	○	○
児童会活動					○	○	○
クラブ活動					○	○	○
学校行事		○	○	○	○	○	○

各学校が自ら定めた特別活動全体に係る評 価の観点を記入したうえで、各活動・学校 行事ごとに、評価の観点に照らして十分満 足できる活動の状況にあると判断される場 合に、○印を記入する。 →P.93

→ P.99

各項目の趣旨に照らして十分満足できる状況にあると判断される場合に、〇印を記入する。

様式2-2 (指導に関する記録)

児童氏名 標準 一郎

● 児童氏名は指導要録作成時に記入。
● 指導に関する記録は、原則として学年末に記入。

様式2-2は、正式には上下つながっていますが、分かりやすくするために分割して掲載しています。また、読みやすくするために、仕切り線を一部変更しています。

行動の記録

項目	学年 1	2	3	4	5	6	項目	学年 1	2	3	4	5	6
基本的な生活習慣	〇	〇	〇	〇	〇	〇	思いやり・協力	〇	〇	〇	〇	〇	〇
健康・体力の向上			〇	〇			生命尊重・自然愛護			〇			〇
自主・自律			〇		〇		勤労・奉仕						〇
責任感		〇			〇		公正・公平				〇		〇
創意工夫		〇	〇	〇			公共心・公徳心		〇	〇			

総合所見及び指導上参考となる諸事項

第1学年
・プリントやノートを丁寧に扱い、文字も整えて書くように心がけていた。
・本が好きで、図書室からたびたび借りていた。絵本だけでなく、読み応えのある物語の本も好んで読んでいた。
・入学当初は消極的な様子も見られたが、学校での生活や学習を重ねるにしたがって、積極性が育ってきた。

第4学年
・日直の仕事に進んで取り組み、あいさつを大きな声でするなど、みんなが気持ちよく過ごせるように努める姿が見られた。
・2月、標準式CDT学力検査。国語到達状況90%、算数到達状況89%。特に国語の思考・判断・表現が優れている。

第5学年

・鉄道が好きで全国の路線について詳細に調べ、さらに地理や歴史へと興味を広げている。
・学級の代表として学年集会ではかの学級の友達と協力し合いながら、積極的に活動した。

第6学年

・総合的な学習の時間に地域の清掃ボランティアや市役所の担当課に取材した話をまとめ、自分も環境をよくしたいと意欲を高め、地域のごみゼロ運動に参加した。
・○○児童作文コンクールに応募し、優秀賞を受賞した。

→P.14

第2学年

児童の成長の状況を総合的に捉えるため、以下の事項等を文章で箇条書き等により端的に記述すること。
特に〔4〕のうち、児童の特徴・特技や学校外の活動等について、今後の学習指導等を進めていくうえで必要な情報に精選して記述する。
〔1〕各教科や外国語活動、総合的な学習の時間の学習に関する所見
〔2〕特別活動に関する事実及び所見
〔3〕行動に関する所見
〔4〕児童の特徴・特技、学校内外におけるボランティア活動、表彰を受けた行為や活動、学力について標準化された検査の結果等総合的な所見
〔5〕児童の成長の状況にかかわる総合的な所見

第3学年

記入に際しては、児童の優れている点や長所、進歩の状況などを取り上げることに留意する。ただし、児童の努力を要する点などについても、その後の指導において特に配慮を要するものがあれば端的に記入する。

→P.109

出 欠 の 記 録 →P.154

区分／学年	授業日数	※出席停止・忌引等の日数	出席しなければならない日数	欠席日数	出席日数	備考
1	204	0	204	4	200	欠席4（中耳炎のため）
2	208	0	208	15	193	欠席15（ぜんそく発作のため）
3	205	3	202	0	202	忌引3（祖母死亡のため）
4	206	6	200	0	200	出停6（風疹のため）オンラインを活用した特例の授業10
5	208	4	204	0	204	出停4（インフルエンザによる学級閉鎖）
6	206	4	202	2	200	早退6（骨折の治療通院のため）私立中学校受験4

※設置者の判断で名称を変更することが可能。

様式2（指導に関する記録）別記

児 童 氏 名

※オンラインを活用した特例の授業又はその他の学習
等に記載すべき事柄がない場合には記載不要。

<table>
<tr><td colspan="6" style="text-align:center">非 常 時 に オ ン ラ イ ン を 活 用 し て 実 施 し た 特 例 の 授 業 等 の 記 録</td></tr>
<tr><td colspan="6" style="text-align:center">（略）</td></tr>
<tr><td rowspan="4">第4学年</td><td>児童が登校
できない
事由</td><td colspan="3">新型コロナウイルス感染症による休業，風疹出席停止</td><td>当該児童生徒が感染症又は災害
の発生等により登校できなかっ
た場合，その事由を記入する。</td></tr>
<tr><td rowspan="2">オンライン
を活用した
特例の授業</td><td>実施日数</td><td>参加日数</td><td>実施方法等</td><td rowspan="2">当該児童生徒に対してオンラ
インを活用した特例の授業を
実施した場合に記入する。</td></tr>
<tr><td>12</td><td>10</td><td>同時双方向，インターネット上での課題の配信・提出</td></tr>
<tr><td>その他の
学習等</td><td colspan="3">ケーブルテレビ</td><td>必要がある場合にのみ
記入する。特段必要が
ない場合には記載不要。</td></tr>
<tr><td colspan="6" style="text-align:center">（略）</td></tr>
</table>

指導要録各欄の記入時期

要録各欄	時期	入学時	学年初め	学年末	卒業時	事由発生時*
様式1 学籍に関する記録	1．学級及び整理番号（様式2にも記入欄あり）		○			
	2．児童氏名（様式2にも記入欄あり）・性別・ 　　生年月日・現住所	○				
	3．保護者氏名・現住所	○				
	4．入学前の経歴	○				
	5．入学・編入学等	○				
	6．転入学					○
	7．転学・退学等					○
	8．卒業				○	
	9．進学先				○	
	10．学校名（様式2にも記入欄あり）及び所在地	○				
	11．年度		○			
	12．①校長氏名印（氏名のみ）		○			
	②校長氏名印（押印）			○		
	13．①学級担任者氏名印（氏名のみ）		○			
	②学級担任者氏名印（押印）			○		
様式2 指導に関する記録	1．各教科の学習の記録			○		
	2．特別の教科　道徳			○		
	3．外国語活動の記録			○		
	4．総合的な学習の時間の記録			○		
	5．特別活動の記録			○		
	6．行動の記録			○		
	7．総合所見及び指導上参考となる諸事項			○		
	8．出欠の記録			○		

＊その他，必要な事項について記入する。

14

第 1 章

新指導要録のポイント

Q1 新指導要録の改訂の趣旨は何か

A　2016 (平成 28) 年 12 月に中央教育審議会が『幼稚園，小学校，中学校，高等学校及び特別支援学校の学習指導要領等の改善及び必要な方策等について』と題する答申を出し，これを受けて 2017 (平成 29) 年に幼稚園，小学校，中学校の学習指導要領が改訂された (小学校は 2020 (令和 2) 年度から全面実施)。今次の改訂では，「資質・能力」の 3 つの柱として，「知識及び技能」「思考力，判断力，表現力等」「学びに向かう力，人間性等」が示され，カリキュラム・マネジメントが重視されている。

　「資質・能力」の「知識及び技能」は，「何を理解しているか，何ができるか」を，「思考力，判断力，表現力等」は，「理解していること・できることをどう使うか」を，「学びに向かう力，人間性等」は，「どのように社会・世界と関わり，よりよい人生を送るか」を示している。そして，この 3 つの柱をバランスよく育成することが求められている。

　2019 (平成 31) 年 1 月には，中央教育審議会初等中等教育分科会教育課程部会が『児童生徒の学習評価の在り方について (報告)』をまとめ，これを受けて，2019 年 3 月に文部科学省初等中等局長名で『小学校，中学校，高等学校

及び特別支援学校等における児童生徒の学習評価及び指導要録の改善等について（通知）』が出された。この通知では，学習評価についての基本的な考え方は，①カリキュラム・マネジメントの一貫としての指導と評価，②主体的・対話的で深い学びの視点からの授業改善と評価，③学習評価についての指摘されている課題，④学習評価の改善の基本的な方向性の4点が挙げられている。

③については，ア）学期末や学年末などの事後評価に終始している，イ）現行の「関心・意欲・態度」の評価で挙手の回数や毎時間ノートを取っているかなど，性格や行動面の傾向が一時的に表出された場面を捉える評価であるような誤解が払拭されていない，ウ）教師によって評価の方針が異なり学習改善につなげにくい，エ）評価のための「記録」に労力が割かれて，指導に注力できない，オ）指導要録が次の学年や学校段階において十分に活用されていないなどが挙げられている。

④については，ア）児童生徒の学習の改善につながるものにしていくこと，イ）教師の指導の改善につながるものにしていくこと，ウ）これまで慣行として行われてきたことでも，必要性・妥当性が認められないものは見直していくことが挙げられている。

新指導要録における評価の考え方は，「目標に準拠した評価」を中心に捉え，基本的には2010（平成22）年版指導要録を踏襲している。しかし，この間の学習指導要領の改訂（「道徳」の教科化，教科「外国語」の新設など）や学力・評価研究の成果などをふまえ，いくつかの点で修正や変更が行われた。

改訂の特徴としては，次の5点を挙げることができる。

第1は，「観点別学習状況」欄の観点が，「知識・技能」「思考・判断・表現」「主体的に学習に取り組む態度」に整理されたことである。従前の観点は，おおむね「関心・意欲・態度」「思考・判断・表現」「技能」および「知識・理解」であったが，国語科は5つの観点，生活科は3つの観点であり，教科により観点の名称が微妙に異なっていた。今次の改訂では，3つに整理されるとともに，名称も統一された。新たに新設された小学校5・6年の外国語科も同様の観点で評価する。

　第2は，新たに新設された小学校3・4年の外国語活動は，教科と同様の3つの評価観点を記入し，子どもにどのような力が身に付いたかを文章で記述することになったことである（従前の小学校5・6年の外国語活動では，観点別に文章で記述したが，新指導要録では文章記述欄を一本化）。

　第3は，「特別の教科　道徳」の評価を行うことになったことである。従来の「道徳」は，教科外活動の扱いで，指導要録での評価の記載はなかった。「特別の教科　道徳」の評価は，数値的評価を行うのではなく，学習活動における子どもの学習状況や道徳性に関わる成長の様子を個人内評価として文章で端的に記述することになった。

　第4は，教師の勤務負担の軽減の視点から，①「総合所見及び指導上参考となる諸事項」については，要点を箇条書きにするなど，その記載事項を必要最小限にとどめ，②通級による指導を受けている児童生徒について，個別の指導計画を作成しており，通級による指導に関して記載すべき事項が当該指導計画に記載されている場合には，その写しを指導要録の様式に添付することをもって指導要録への記入に替えることも可能とするなど，記述の簡素化を図ることになったことである。

　第5は，子どもが児童相談所の一時保護所等で一時保護されており，学習を行っている場合は，「出欠の記録」において出席扱いとすることが明記されたことである。なお，前回の改訂では，不登校の子どもが教育支援センター（適応指導教室）等の学校外の施設で指導を受けたり，自宅においてIT等を活用した学習活動を行ったりしたとき，そのことが当該の子どもの学校復帰のために適切であると校長が認める場合には，「出欠の記録」において出席扱いとすることができ，通所もしくは入所した施設名または自宅でIT等を活用した学習活動によることを記入することが明記されたが，新指導要録でも踏襲している。

Q2 「目標に準拠した評価」を実施することは，何を意味するのか

A 2001（平成13）年版指導要録で，「目標に準拠した評価」が導入されたが，新指導要録でも「目標に準拠した評価」が踏襲されている。「目標に準拠した評価」とは，到達目標を設定し，それに到達したか否かを評価する方法で，「到達度評価」とも呼ばれている。

第2次世界大戦前の日本の教育評価は，絶対評価が中心であった。しかし，この絶対評価は教師の主観が入り込み，恣意的になりやすく，ときには教師によって評価が大きく異なることも見られた。

これを克服するために，第2次世界大戦終了後にアメリカから導入されたのが相対評価であった。相対評価は，集団の中での相対的位置を示すものであり，特定の集団が確定すれば，各評価段階の配分比率は自動的に決まるようになっており（5段階相対評価であれば「1」と「5」は7％，「2」と「4」は24％，「3」は38％になる），教師の主観の入り込む余地はない。一方で，相対評価は，指導する前にすでに配分比率が決まっているため，教育的意義は薄いものとなる。また，集団的位置が変わらないかぎり評価段階も変わらないので，指導の効果が適切に反映されないという欠点をもっている。「1」の評定値の子どもが一生懸命努力しても，学級の全員が同程度の努力をすれば，当該の子どもは依然として「1」のままであり，努力の跡が相対評価では現れないことになる。

さらに，相対評価を適用するための前提としては，集団の人数がある程度の数（少なくとも100名以上）を必要とし，なおかつ得点分布が正規分布することが求められる。しかし，近年は少子化が進み，学級や学年の人数が少なくなり，客観性や信頼性が確保されにくくなっている。このことも，相対評価を用いない理由のひとつである。

このような相対評価や戦前の主観的絶対評価のもつ問題を克服するために，2001年の指導要録の改訂で実施されるようになったのが，「目標に準拠した評価」である。「目標に準拠した評価」の導入のねらいは，指導と評価の一体化を

通して，子どもの学力保障をすることである。具体的な到達目標を設定し，それに到達したか否かを評価することで，指導に役立てられるからである。

　次に，「評定」の評価方法について述べてみよう。「評定」は総合的評価であるのに対して，「観点別学習状況」は分析的評価であるが，両者には一定の関連性がある。

　まず，単元ごとに到達目標を設定し，これから学習内容を構想し，評価規準を観点別に設定する。観点は指導要録の観点を援用しつつ，3，4つ程度を含むようにするのがよい。各単元終了時に評価をした後，各学期末に，単元別の評価を累加したものから観点別評価を行うことになる。

　ここで得られた「観点別学習状況」の評価結果を基に，総合的評価である「評定」を算出することになる。「観点別学習状況」のAを3点，Bを2点，Cを1点として合計点を求め，観点の数 (= 3) で割ることによって，「評定」の数値を算出することができる。ただし，特定の評価観点 (たとえば「知識・技能」) を重視する指導方針であれば，1.5〜2倍の重みづけを行ってから「評定」を算出することになる。さらに，単元によって評価観点のウエイトを変えることも可能である。

　必要に応じて，標準化された目標準拠型 (到達度評価型) 学力検査を実施して，その結果を評価に生かすのもよいだろう。

Q3 「個人内評価」を生かす評価は，どのようにすればよいか

A　「個人内評価」とは，教育評価の基準を他者に求めるのではなく，評価対象となる子どもに置くものである。つまり，子どもを継続的・包括的に評価し，個人内での比較や変容を見ていく評価法である。すべての子どもの学力保障をめざす「目標に準拠した評価」と個人内評価を有機的に関連させることによって初めて，子どもの学習過程と「育ち」を適切に評価することができる。「目標に準拠した評価」では十分に示すことができない，子ども一人一人のよ

い点や可能性，進歩の状況等を「個人内評価」で行う。つまり，目標に到達したか否かを評価することと，子どもの変容の様態を個人内評価で記述することは，教育評価という営みの車の両輪と考えることができる。「個人内評価」は，大きく次の4つに分けることができる。

(1) 時系列的な変化を捉える（例：1学期と比べて2学期のほうが算数の成績がよい）。

(2) 教科の中での違いに注目する（例：国語の成績は劣っているが，理科は優れている）。

(3) 単元や領域の違いによる差異に注目する。上記 (2) を細分化した捉え方である（例：算数の分数の計算は得意だが，小数の計算は不得意である）。

(4) 知能水準と学力水準の違いに注目する（知能水準と比べて，学力水準が劣っているので，アンダーアチーバー（学業不振児）と判定される）。

以上のように，「個人内評価」は多岐にわたっている。

また，資質・能力の「学びに向かう力，人間性等」のうち，「感性や思いやりなど」は，観点別学習状況や評定にはなじまないので，「個人内評価」で評価することになる。

「個人内評価」を行うに際しての留意点を述べてみよう。

第1に，1単位時間終了時に実施する形成的評価と結び付けて，「個人内評価」を行うことが大切である。子ども一人一人の到達状況を把握し，その変化を継続的に追い続けることが必要である。

第2に，自己評価を活用することである。自己評価とは，子ども自身が学習過程を振り返り点検する行為であるが，努力した点や不十分な点・理解度などを，教師による評価とは違った視点から捉えていることが多く，「個人内評価」を行うときに，有益な情報を提供してくれる。

第3に，ポートフォリオ評価法を活用することである。ポートフォリオとは，紙ばさみや書類とじ込みケースなどと訳されているが，学習活動を通して子どもが作成した文章やワークシート，作品，絵，ビデオテープやUSBメモリーなどを収集し，集積・保管した一連の資料であり，かつ学習記録でもあ

る。日本でも「総合的な学習の時間」や生活科の評価方法として普及するようになった。外国では，社会科や理科などの教科学習の評価法としても，ポートフォリオは積極的に活用されている。ポートフォリオ評価の具体的な事例や評価方法については，様々な文献が刊行されており，目を通していただきたい。

　ポートフォリオには学習の過程が反映され，形成的評価として役立つとともに，時系列的な変化を見取ることで，総括的評価としても利用することができる。ポートフォリオには子どもの興味・関心が反映されるので，その変容を見取ることで「個人内評価」に役立てることも可能である。それゆえに，指導要録における「個人内評価」の記入に際しては，ポートフォリオ評価が適している。

　また，教師がポートフォリオを見て子どもを評価するだけではなく，子どもが自分のポートフォリオを振り返ることによって，自己評価をすることができるという利点をもった評価法である点にも注目したい。

　第4に，パフォーマンス評価を活用することである。パフォーマンス評価とは，実験や実技といった活動を通して評価する技法であり，レポート作成や発表など，その内容は多岐にわたる。思考力・判断力・表現力等を評価するのにパフォーマンス評価は適している。ポートフォリオ評価が原則として筆記されたものに基づくのに対して，パフォーマンス評価は筆記から実演までその内容は幅が広い。教科や子どもの発達段階に応じた課題を採用し，評価することが肝要である。

　第5に，補助簿を活用し，毎日の子どもの「育ち」を記録しておき，変容を追うことである。

　指導要録の記載に「個人内評価」を生かした例を挙げてみよう。

- 1学期は計算問題でケアレスミスが多く見られたが，2学期になると注意を払い，ケアレスミスはほとんど見られなくなった。
- 声変わりが始まったため，音楽の歌唱では発声がうまくできなかったが，リコーダーやオルガンの演奏では努力をして，上手に演奏できるよ

うになった。

- 1学期はクロールで息つぎをすることができず，10メートルしか泳げなかったが，夏休みに練習をして息つぎができるようになり，25メートルを泳ぐことができるようになった。

Q4 「自己評価」や「相互評価」を，どのように生かせばよいか

A 自己評価は，子ども自身が学習過程を振り返って評価することを指す。努力した点や不十分な点，理解度などを，子どもに評価させることになる。教師による評価と，子ども自身が自分をどう理解し評価しているかとは必ずしも一致せず，ときには反対の評価を示し，ふだん教師が感じ取っている子ども像とは違うことに気づき驚くこともある。

自己評価ができるためには，メタ認知能力（認知していることが分かる能力）が必要であり，これは自己教育力とも関係が深いものである。自ら学ぶことができる子どもは，学んだことを自分で評価する力をもっているからである。

自己評価には，肯定的自己評価と否定的自己評価の2つがある。特に，後者は劣等感が強く，有能感が低い学業不振児や学習障害（LD）児に多く見られる。教師が評価を子どもにフィードバックするときに，その子どもの長所や「よさ」を伝え，自信や成就感・自己肯定感をもたせるようにして，否定的自己評価を肯定的自己評価に変えていくことが大切である。

自己評価を実施する場合に注意を払わなければならない点は，自分に厳しく「辛い」評価をする子どもと，その反対の「甘い」評価をする子どもがいるということである。そのため，子どもの自己評価をそのまま鵜呑みにするのではなく，ひとつの資料として活用するのがよい。また，子どもの発達段階に応じた自己評価の評価事項を提示すると，評価の手助けとなり，振り返りがしやすくなる。また，相互評価は，子ども同士による評価のことであり，よく用いられている。ほかの子どもを評価するためには，自己を相対化し客観的な「ものの

見方」を身に付けておかねばならず，教育的意義も大きい。相互評価には，個人対個人の評価の場合もあれば，集団対集団の評価の場合もある。

　「総合的な学習の時間」や社会科や理科の「調べ学習」の発表会でのプレゼンテーションの仕方や分かりやすさ，まとめ方などを相互評価することが多く，様々な場面で活用されている。たとえば，発表会で最も分かりやすい発表したのはだれか（あるいはどのグループか），研究の仕方に工夫が見られたのはだれか（あるいはどのグループか），などを子どもたちに尋ねてみる事例がある。

　教師による評価と自己評価，相互評価を有機的に結合させることが，子どもをトータルに評価し，子どもを励ます評価になるわけである。その記入例を挙げてみよう。

- ●生活科の発表の場面で，グループのメンバーの一人一人の努力した点やよい点を指摘することができた。
- ●水泳は不得意で自信がないと自己評価していたが，うまく息つぎができたときに，友達に励まされ，積極的に練習に取り組むようになった。

Q5 発展的な内容を，どのように評価すればよいか

A　文部科学省の見解では，「学習指導要領は最低基準」（学習指導要領の基準性）となっており，学習指導要領に記載されている事項は，どの子どもにも必ず身に付けさせなければならない。そして，できる子どもには，発展的な内容を指導できるようになっている。教科書にも発展的学習の記載があり，指導資料も刊行されている。

　では，発展的な内容の評価の仕方について述べてみよう。

　発展的な内容や教材については，教科書に記載されているが，同じ教科であっても教科書での扱われ方が異なる点に留意する必要がある。基本的には，上学年で学ぶ内容が多い。また，学習指導要領の改訂で，以前は発展的な内容

であったものが，現在では全員履修の内容となっているものもある。たとえば，小学5年生の算数の「図形」の単元で，三角柱や四角柱の頂点の数や辺の数，面の数を調べ，これらの結果からn角柱の頂点や辺の数，面の数との関係式（オイラーの多面体原理）を見いだす学習は，以前の教科書では，発展的な内容となっていたが，現行の教科書では全員履修を想定している。

　発展的な内容の評価は，思考力や判断力，表現力などを中心に評価することになるが，思考の過程が分かるような課題を取り上げることが肝要である。

　発展的な内容は，すべての子どもが学ぶとは限らないので，指導要録の記入に際しては，「総合所見及び指導上参考となる諸事項」欄に記入すればよいだろう。つまり，数値的な評価ではなく，文章記述が中心になる。記入例を挙げてみよう。

- ●台形の面積の求め方について，三角形に分割したり平行四辺形に合成したりして，5とおりの求め方を発見した。
- ●正三角形や正方形の特徴の理解を基に，正五角形や正六角形を作図することができた。
- ●3個以上の乾電池を用いて，直列や並列などの様々なつなぎ方による電流の大きさの違いや，乾電池の種類（単1・単2）による豆電球の点灯の時間の違いを調べることができた。

Q6 指導要録の開示に向けて，どのような注意が必要か

A 　1991（平成3）年の指導要録の改訂で，「指導に関する記録」についての保存期間が20年間から5年間に短縮された（「学籍に関する記録」は20年間で変化なし）が，今回の改訂でも踏襲され，保存期間には変化はない。

　情報開示の流れは世界的動向であり，日本でも情報公開制度や個人情報を保護する法律などによって，個人が自分に関する情報を知ることが可能になって

きている。そのため，指導要録も保存期間中に子どもや保護者からの開示請求が行われる可能性が大きくなっており，開示に耐えうるような記載が求められる。開示に対しては，教育委員会の指導を受け，「何を」「どこまで」「どのように」開示するのかを明らかにし，校内での共通理解を図っておくことが大切である。

　「総合所見及び指導上参考となる諸事項」欄の記載は，子どもの長所を取り上げることが基本となるよう留意しなければならない。子どもの人権やプライバシーに配慮した記載が求められ，学習や行動の劣っている点を記入する場合には，表現上の工夫が必要となる。そして，劣っている事項やマイナスの側面に対して，教師がどう働きかけ，どのように子どもが変わっていったかという指導の経過についても記載するのがよいだろう。

　また，指導要録の記入に際しては，学校側の説明責任（アカウンタビリティ）が求められるようになったことを心しておく必要がある。そのためには，教師としての専門的力量を高め，根拠が明確で説明できる評価にしていくことや，日頃から子どもや保護者に評価の仕方や内容について説明を行って，共通理解が図れるように努めておく必要がある。たとえば，通知表の見方や「目標に準拠した評価」の説明などを，保護者会や学年通信・学校通信で行っておくことである。

　指導要録の記入に際して，開示に耐えることができない好ましくない事例としては，次のようなものを挙げることができよう。

　(1) 子どもの家庭環境に関わる事項
　(2) ほかの子どもとのマイナス面での関わりを取り上げる場合
　(3) 事実として確認できていないにもかかわらず，先入観をもった表現
　(4) 個人名を記す場合

　指導要録は，基本的にはその子どもに関する記録であるので，本人以外の記述（級友や保護者）は避けるべきである。子どもを受容的・共感的に理解し，成長の姿が見られるような記述が望ましい。記述したほうがよいか判断に迷う場合は，同僚や管理職に相談することもよいだろう。また，日頃から子どもを客

観的に把握できるように努めておくことも大切である。

Q7 指導要録を, 指導にどのように生かせばよいか

A 指導要録は, 児童生徒への指導の過程や結果を要約し, 指導の引き継ぎに生かすための資料である。指導要録の機能としては, 証明機能と指導機能の2つがある。

　証明機能は, 戸籍簿的な意味合いを有し, 転校や上級学校への進学, 就職に際して, 対外的証明の役割を担う。証明機能に関する部分 (様式1「学籍に関する記録」) の保存期間は20年間となっている。

　指導機能は, 児童生徒に対する指導の経過や結果を記載し, 次年度の担任や上級学校への申し送り, 個々の児童生徒の学習到達状況の把握に役立たせることである。指導機能に関する部分 (様式2「指導に関する記録」) の保存期間は5年間となっている。

　「指導に関する記録」は原則, 学年末に記入することになっているが, 3学期の学習成績だけに目を奪われてしまわないように留意しなければならない。1年間を通じた児童生徒の「歩み」を整理し, 重要な点を中心に記載するためには, 補助簿を活用し, 日頃から子どもの姿や「育ち」を捉えておくことが必要である。

　多くの学校では, 指導要録はほぼ1年中金庫に保管されていることが多い。しかし, このような状態では, せっかくの指導要録のもつ教育的意義が損なわれてしまう。指導に役立てるためには, 学年当初だけではなく, 学習の節目節目で教師が指導要録を見るとよいだろう。

　小学校では, 教師の子どもへの関わり方次第で大きな変容を遂げることがある。子どもに変容が見られたとき, 指導要録を見直してみて, 前年度の子どもの姿との違いを感じ取ると, 心ときめくものがある。さらに, 「学年末にはこの子どもがどのように成長するだろうか」という期待をもちつつ, 指導に励む

ことが大切である。

　また，学年当初に，前年度の担任の記載内容を見ると，先入観をもってしまうのではないかと危惧する方もいるが，あまり心配しなくてもよいだろう。なお，小学校1年の担任は，4月冒頭に幼稚園・保育所・認定こども園から送付された幼稚園幼児指導要録，保育所児童保育要録，認定こども園園児指導要録の写し（または抄本）に，必ず目を通してほしい。障害等があり，支援や合理的配慮を必要とする子どもについての共通理解の手立てとなるからである。

　最後に，指導要録と説明責任について触れておきたい。学校における教育活動に対しては，説明責任（アカウンタビリティ）が求められる。指導要録の記載も，「それがどのような根拠・理由で記されたか」と保護者から問われた場合，説明できなければならない。そのためには，記入に際して，基になった資料（たとえば，補助簿，標準化された検査の結果など）を整理して保存しておくことが必要である。

　また，信頼性や客観性の高い評価を行う力量を，教師自身が形成できるように努めておきたい。教育評価に関する校内研修も定期的に実施するとよいだろう。日頃から，教育評価や学習活動についての説明を保護者に行うことにより，信頼関係を構築しておくことが大切である。

　なお，子どもの学習活動の歩みを家庭・保護者へ伝える手段の一つである通知表においては，指導要録の観点をそのまま用いたものではなく，各学期ごとに具体的な到達目標を提示する「到達度評価」型の様式を採用することが，子どもや保護者にとって分かりやすく，説明責任という観点からも望ましい。

（藤岡秀樹）

第2章

記入上の注意・取扱い上の注意

《記入上の注意》

1. 指導要録の記入について

　小学校児童指導要録（以下，「指導要録」）は，児童の学籍や指導の過程・結果の要約を記録し，その後の指導や外部に対する証明などに役立たせるための原簿となるものであり，学校に備えなければならない表簿の一つである。

　指導要録は，様式1（学籍に関する記録）1ページ，様式2（指導に関する記録）2ページの計3ページからなる。

　指導要録の作成の義務を負うのは校長だが，実際の記入は学級担任の教師が担当し，校長は指導・監督・確認して押印することになっている。

2. 記入の文字及び記入の位置

(1) 記入にあたっては，黒色または青色のインクを用い，変色や消去のおそれのあるものは避ける。学校名や所在地等の欄にはゴム印を使用してもよい。

(2) 原則として常用漢字を使い，現代かなづかいとする。ただし，固有名詞はこの限りではない。数字は算用数字を使用する。楷書で正確にていねいに記入する。

(3) 様式1の「児童」や「保護者」の現住所，「学校名及び所在地（分校名・所

在地等）」「校長氏名印」「学級担任者氏名印」などの欄については，あらかじめ欄の上部に寄せて記入しておき，記入事項に変更あるいは併記の必要が生じた場合のスペースを空けておく。

3. 指導要録各欄の記入時期

　様式 1（学籍に関する記録）は，原則として学年当初及び異動の生じたときに記入する。様式 2（指導に関する記録）は，学年末に記入する。各欄の記入時期については，14 ページの表に原則を示した。

4. 記載事項の変更及び誤記事項の処理

（1）記載事項の変更

　　氏名，現住所等記載事項に変更があったときには，そのつど前の記載事項が読めるように，黒色または青色インクを用いて 2 本線で消し，必要事項を記入する。この場合，訂正者の認印は押さない。

（2）誤記事項の訂正

　　記入事項の誤記を訂正する場合には，誤記事項を 2 本線で消して訂正事項を記入し，訂正箇所に訂正者（原則として学級担任者）の認印を押す。

5. 特別支援学級における指導要録の様式

　特別支援学級に在籍する児童に関する指導要録については，特別支援学校小学部の指導要録を参考にして作成することが望ましい。（第 12 章参照）

《取扱い上の注意》

1. 入学の場合

　校長は，児童が入学した場合には，速やかに指導要録を作成する。

2. 進学の場合

(1) 指導要録の抄本の送付

　　校長は児童が進学した場合には，「抄本又は写しを作成し，これを進学先の校長に送付しなければならない」と定められているが，原則として指導要録（以下「原本」という）の抄本を進学先の校長に送付する。ただし，指導上の必要のため，進学先の校長から原本の写しを求められた場合は，この限りではない。抄本には，おおむね下記の事項を記載する。

〈抄本に記載する事項〉

記載事項	
ア	学校名及び所在地
イ	児童の氏名，性別，生年月日及び現住所
ウ	卒業年月日
エ	第6学年の各教科の学習の記録
オ	第6学年の外国語活動の記録
カ	第6学年の総合的な学習の時間の記録
キ	第6学年の特別活動の記録
ク	第6学年の行動の記録
ケ	第6学年の総合所見及び指導上参考となる諸事項（その他，その後の指導において必要と思われるものがある場合にはその事項）

(2) 抄本の様式

　　用紙の規格は，日本標準規格A4（縦型）を標準とする。

3. 転学の場合

　校長は，児童が転学した場合には，原本の写しを作成し，転学先の校長に送付する。転入学してきた児童がさらに転学した場合には，原本の写しのほか，転入学の際に送付を受けた写しも送付する。これらの場合，進学元（幼稚園，特別支援学校幼稚部，保育所，認定こども園）から送付を受けた抄本または写し

も転学先の校長に送付する。

4. 転入学の場合

　校長は，児童が転入学してきた場合には，転入学してきた旨及びその期日を速やかに前に在籍していた学校の校長に連絡し，当該児童の指導要録の写しの送付を受ける。この場合，送付を受けた写しに連続して記入するのではなく，新たに当該児童の指導要録を次の事項について記入し，作成する。

〈様式1について記入する事項〉

記入事項	
ア	「学級」及び「整理番号」欄
イ	「児童の氏名・性別・生年月日・現住所」欄
ウ	「保護者の氏名・現住所」欄
エ	「転入学」欄
オ	「学校名及び所在地（分校名・所在地等）」欄
カ	「年度」欄
キ	「校長氏名・印」欄の校長名
ク	「学級担任者氏名・印」欄の学級担任者名

〈様式2について記入する事項〉

記入事項	
ア	表面の「児童氏名」「学校名」「学級」「整理番号」欄
イ	裏面の「児童氏名」欄

5. 退学等の場合

　校長は，児童が外国にある学校などに入るために退学した場合などで，当該学校が日本人学校その他文部科学大臣が指定した在外教育施設であるときは，指導要録の抄本または写しを送付し，それ以外の学校などの場合は，求めに応じて適切に対応する。

6. 編入学等の場合

(1) 外国にある学校から編入学した場合

　　児童が外国にある学校から編入した場合は，編入学年月日以後の指導要録を作成する。そのとき，できれば，外国にある学校等における履修状況の証明書や指導に関する記録の写しの送付を受ける。

(2) 就学義務の猶予・免除の事由が消滅した者の編入学の場合

　　就学義務の猶予または免除の事由がなくなったことにより就学義務が生じ，児童が就学した場合には，就学した日以後の指導要録を作成する。

(3) 在学しない者として処理した者の場合

　　在学している児童を就学義務の猶予・免除のため，または児童の居所が1年以上不明のために在学しない者として処理した後，その事由が解消して編入学した場合には，その学年から新たに指導要録を作成して，別に処理して保存していた旧指導要録と併せて用いる。

7. 原学年留め置きの場合

　病気その他の理由で児童を原学年に留め置いた場合には，その学年から新たに指導要録を作成し，原学年留め置き前の指導要録と併せて用いる。

8. 学校新設の場合

(1) 児童を新設校に移籍する場合

　　児童の学籍を，新しく設置された学校に移す場合には，転学の場合と同様に取り扱う。

(2) 児童を分校独立による新設校に移籍する場合

　　児童の学籍を，分校が独立して新しく設置された学校に移す場合には，転学の場合と同様に取り扱う。

9．学校統合の場合

　学校統合により校名が変更となる場合，統合された学校の児童について，校名変更の場合と同様に取り扱う。

10．保存期間

(1) 卒業，転学した児童の場合

　　原本及び転入学の際に送付を受けた写しのうち，様式 1（学籍に関する記録）は 20 年間，様式 2（指導に関する記録）は 5 年間保存し，期間経過後は，教育委員会と連絡を取り，指導に関する記録については廃棄するなど適切な措置をとる。

(2) 退学及び在学しない者として扱う児童の場合

　　外国にある学校などへ入学するための退学の場合，学齢を超過している児童の退学の場合，就学義務の猶予・免除の場合，または児童の居所が 1 年以上不明の場合などは，原本及び転入学の際に送付を受けた写しは，校長が退学または在学しないと認めた日以後，様式 1（学籍に関する記録）は 20 年間，様式 2（指導に関する記録）は 5 年間保存する。

(3) 進学元から送付を受けた場合

　　進学元（幼稚園，特別支援学校幼稚部，保育所，認定こども園）から送付を受けた抄本または写しは，児童が当該学校に在学する期間保存する。

11．その他

(1) 指導要録の取扱いについての教育委員会との連絡

　　教育委員会と密接に連絡し，指導要録の記載が，原則として住民基本台帳により編製される学齢簿の記載と一致するように留意する。

(2) 家庭への通信に対する配慮

　　指導要録は，1 年間の学習指導の過程や成果などを要約して記録するものであり，その様式や内容などを通知表などにそのまま転用することは適切とはいえない。通知表などについては，指導要録における評価の

考え方をふまえ，児童のその後の学習を支援することに役立つようにする観点から工夫する。

(3) 外部への証明に対する配慮

　　対外的に証明書を作成する必要がある場合，指導要録の記載事項をそのまま転記することは必ずしも適当ではない。プライバシー保護の観点から申請の趣旨を確認し，目的に応じて必要最小限の事項を記載するように留意する。

(4) 指導要録の保存・送付等にあたっての配慮事項

　　配偶者からの暴力の被害者と同居する児童生徒については，転学した児童生徒の指導要録の記述を通じて転学先の学校名や所在地等の情報が配偶者（加害者）に伝わることが懸念される場合がある。

　　このような特別の事情がある場合には，平成21年7月13日付け21生参学第7号「配偶者からの暴力の被害者の子どもの就学について」に沿って，配偶者からの暴力の被害者と同居する児童生徒の転学先や居住地等の情報については，各地方公共団体の個人情報保護条例等に則り，配偶者暴力相談支援センターや福祉部局等との連携を図りながら，厳重に管理する。

(5) 指導要録の開示について

　　指導要録の本人への開示など，具体的な開示の取扱いについては，その様式や記載事項を決定する権限を有する教育委員会などにおいて，条例に基づき，それぞれの事案に応じて判断することが適当とされる。

(6) 情報通信技術の活用について

　　2019年3月に出された「通知」でも示されているように，指導要録の作成，保存，送付を情報通信技術を活用して行うことは，現行の制度上も可能である。また，通知表のデータとの連動を図ることも教師の負担軽減に不可欠とされている。

第**3**章

学籍に関する記録

1.「学籍に関する記録」記入上の留意点

　様式1の「学籍に関する記録」は，原則として住民基本台帳により編製される学齢簿の記載に基づいて記入する。学齢簿を間違いなく転記すれば，「児童氏名」「保護者氏名」などの記入は完了する。

　なお，当該欄に記入すべき児童または保護者に関する情報に変更が生じたり，記載の間違いを訂正する必要が生じたりした場合には，市区町村教育委員会（以下，「教育委員会」）と連絡をとってから訂正する。

　記入にあたっては，児童及び保護者の人権の尊重に配慮する。また，記入の詳細については，各教育委員会によって異なる場合があるので，その指示に従うようにする。

2. 学級，整理番号

　指導要録の作成・管理などに便利なように，毎学年の児童の所属学級，出席番号を記入する。

〈記入例〉

区分 ＼ 学年	1	2	3	4	5	6
学　　　級	1	1	3	3	2	2
整理番号	3	3	5	5	4	4

3. 「児童」欄の記入

〈記入例〉

	ふりがな	さ とう ゆう ま	性別	男
児童	氏　名	佐 藤 悠 真		
	生年月日	平成 25 年 6 月 15 日生		
	現住所	東京都杉並区○○ 3 丁目 31 番 18 号		

(1) 児童の「氏名」「性別」「生年月日」「現住所」を，学齢簿の記載に基づき記入する。

(2) 「ふりがな」が記載されていない場合は，学校で調査したものにより記入する。

(3) 外国人については，通称名ではなく学齢簿に記載されている氏名（本名）を記入し，氏名の「ふりがな」はできるだけ母国語に近い読み方で記入する。

(4) 氏名，現住所等を変更した場合（町名変更，地番変更を含む）は，変更前の記載を 2 本線で消し，変更後を記入する。

〈外国人の場合の氏名の記入例〉

ふりがな	きむ きょん ふぁ
氏　名	金 京 華

ふりがな	おりびあ　すみす
氏　名	オリビア スミス

〈住所変更の場合の記入例〉

	ふりがな	すずき ゆい な	性	女
児童	氏　名	鈴　木　結　菜	別	
	生年月日	平成 25 年 4 月 15 日生		
	現住所	~~東京都杉並区○○１丁目２番３号~~ 東京都杉並区○○ 4 丁目 5 番 6 号（令和 3 年 1 月 19 日転居）		

4.「保護者」欄の記入

(1)「氏名」欄には，児童に対して親権を行う者の氏名を記入する。親権を行う者のいないときは後見人の氏名を記入する。「ふりがな」が学齢簿に記載されていない場合は，学校で調査したものにより記入する。

(2)「現住所」が児童の現住所と同一の場合は，「児童の欄に同じ」と略記する。

〈現住所が児童の現住所と同じ場合の記入例〉

	ふりがな	すずき　たいち
保護者	氏　名	鈴　木　太　一
	現住所	児童の欄に同じ

〈保護者が後見人で現住所が児童と異なる場合の記入例〉

	ふりがな	さか もと かず とし
保護者	氏　名	坂　本　和　寿
	現住所	東京都杉並区○○ 5 丁目 6 番 7 号

〈保護者の氏名・住所が変更した場合の記入例〉

保護者	ふりがな	~~おうみ り か~~　　はやしだ り か
	氏　　名	~~近江里香~~　　林田里香
	現住所	~~東京都杉並区○○2丁目3番4号~~ 東京都杉並区○○3丁目15番3号

5.「入学前の経歴」欄の記入

(1) 小学校に入学するまでの教育または保育関係の略歴（在籍していた幼稚園や特別支援学校幼稚部，保育所，認定こども園等の名称及び在籍期間等）を記入する。

(2) 外国において受けた教育の実情なども記入する。

(3) 入学後の指導に参考になることがあれば記入する。

〈幼稚園や保育所等に通っていた場合の記入例〉

入学前の経歴	平成29年4月から令和2年3月まで ○○幼稚園に在園

〈外国において教育を受けた場合の記入例〉

入学前の経歴	平成30年9月から令和2年3月まで ロンドン市内の幼稚園に在園

6.「入学・編入学等」欄の記入

(1) 入学

①児童が第1学年に入学した「年月日」（入学通知書に記載された入学期日）を記入する。なお，期日に遅れて出校した場合にも，指定の期日を記入する。

②「第　学年編入学」の文字を２本線で消す。

〈記入例〉

入学・編入学等	令和 2 年 4 月 1 日	第 1 学年 入 学 ~~第　学年編入学~~

(2) 編入学等

　　在外教育施設や外国の学校等から，第１学年の中途または第２学年以上の学年に入った場合，または就学義務の猶予・免除の事由の消滅により就学義務が発生した場合に記入する。国内の他の小学校に入学した児童が第１学年の中途に転校してきた場合は「転入学」の欄に記入する。

　①編入学の「年月日」「学年」と，その「事由等」を記入する。

　②「第１学年入学」の文字を２本線で消す。

〈記入例〉

入学・編入学等	令和 2 年 10 月 3 日	~~第 1 学 年 入 学~~ 第 2 学年編入学
	インドネシアより帰国，年齢相当学年に編入学を認める。	

7.「転入学」欄の記入

(1)「転入学」とは，国内の他の小学校（特別支援学校小学部を含む）から転校してくることである。在外教育施設や外国の学校などからの編入学は，「入学・編入学等」欄へ記入する。

(2) 転入学の「年月日・転入学年」「前に在学していた学校名」「所在地」と，その「事由等」を記入する。

〈記入例〉

転　入　学	令和 2 年 6 月 10 日　　　　　　第 3 学年転入学 日高市立○○小学校 埼玉県日高市○○ 1 丁目 2 番 3 号 保護者転居のため

8.「転学・退学等」欄の記入

　先の「入学・編入学等」や「転入学」の欄に記入された日以降の異動について記入する。

　(1) 転学

　　　「転学」とは，国内の他の小学校 (特別支援学校小学部を含む) に転校する場合をいう。

　　①括弧内の「年月日」は，転学のために学校を去った「年月日」を記入し，その下に転学先の学校が「受け入れた日の前日に当たる年月日」を記入し，その右側に「転学」と付記する。

　　②下の空欄には，順に「転学先の学校名」「学年」「所在地」とその「事由等」を記入する。

〈転学の場合の記入例〉

転学・退学等	(令和 3 年 1 月 10 日) 令和 3 年 1 月 13 日　　　転学 狭山市立○○小学校　第 4 学年 埼玉県狭山市○○ 3 丁目 2 番 1 号 保護者転居のため

　(2) 退学

　　①在外教育施設や外国の学校などに入学するために学校を去る場合，または，学齢 (満 15 歳に達した日の属する学年の終わり) を超過している児童が学校を去る場合，括弧のない「年月日」の欄に校長が退学を認めた年

月日を記入し，その右側に「退学」と付記する。下の空欄には「入学する学校名・学年」「所在地」と，その「事由等」を記入する*。

*教育委員会によっては，「事由等」のみを記入する場合がある。

〈外国にある学校に入るため退学する場合の記入例〉

転学・退学等	（平成　　年　　月　　日） 令和 2 年 4 月 15 日　　退学 サンパウロ日本人学校　第 3 学年 Estrada do Campo Limpo, 1501 Sao Paulo SP. Brasil 保護者転居のため

②就学義務が猶予・免除される場合，または児童の居所が1年以上不明である場合は在学しない者として取り扱い，校長が在学しない者と認めた年月日を括弧内の「年月日」の欄に，その下に「事由等」を記入する。その際，教育委員会と十分連絡の上処理する。

〈病気などで就学義務が猶予・免除される場合の記入例〉

転学・退学等	（令和 2 年 7 月 12 日） 令和　　年　　月　　日 事故の後遺症のため就学免除，自宅療養

〈児童の居所が1年以上不明の場合の記入例〉

転学・退学等	（令和 3 年 1 月 30 日） 令和　　年　　月　　日 児童の居所が1年以上不明

③児童が死亡した場合は，①のような通常の退学にはあたらないが，死亡した年月日を括弧のない「年月日」の欄に記入し，その下に「事由等」を記入する。

〈死亡した場合の記入例〉

転学・退学等	（令和　　年　　月　　日） 令和 2 年 12 月 20 日 交通事故による死亡

9. 「卒業」欄の記入

校長が卒業を認定した年月日（原則として 3 月末であることが適当）を記入する。

〈記入例〉

卒　　業	令和 2 年 3 月 31 日

10. 「進学先」欄の記入

進学先の中学校名（中等教育学校の前期課程，特別支援学校中学部を含む）及び所在地を記入する。

〈記入例〉

進　学　先	杉並区立○○中学校 東京都杉並区○○1丁目1番1号

11. 学校名及び所在地（分校名・所在地等）

町名や学校名の変更などを考慮し，欄の上部に寄せて記入する。ゴム印を使用してもよい。

（1）学校名

　　市区町村立学校設置条例に基づく名称を記入する。

（2）所在地

　　市区町村立学校設置条例に基づく所在地を記入する。

〈記入例〉

学　校　名 及　　　び 所　在　地 （分校名・所在地等）	杉並区立○○小学校 東京都杉並区○○４丁目１番１号

(3) 分校名・所在地等

　　児童が分校に在学する場合には，欄の上部に本校名及び所在地を記入

　　し，欄の下部に分校名，所在地及び在学した学年を記入する。

〈分校に在学する場合の記入例〉

学　校　名 及　　　び 所　在　地 （分校名・所在地等）	△△市立□□小学校 ○○県△△市□□町123番 △△市立□□小学校◇◇分校 ○○県△△市□□町456番 第１学年～第３学年

(4) 学校名または所在地に変更があった場合

　　旧学校名または旧所在地を２本線で消し，下に新学校名または新所在

　　地を記入する。なお，変更した年月日及び事由を括弧書きする。

〈統合による学校名及び所在地に変更があった場合の記入例〉

学　校　名 及　　　び 所　在　地 （分校名・所在地等）	~~○○区立△△小学校~~ ~~東京都○○区△△１丁目２番３号~~ ○○区立□□小学校 東京都○○区□□３丁目１番１号 （令和２年４月１日　学校統合による校名及び所在地の変更）

12.　校長氏名印，学級担任者氏名印

(1) 各年度ごとに，学年当初に欄の上に寄せて「校長氏名」「学級担任者氏
名」を記入する。ゴム印を使用してもよい。

(2) 同一年度内に校長または学級担任者が代わった場合には，そのつど後任者の氏名を併記する。なお，教員の産前産後の休暇中または育児休業中における臨時的任用の教員が担任した場合などにおいても，その氏名を併記する。

(3) 校長あるいは学級担任者の氏名を2名以上併記した場合には，児童に対して責任をもっていた期間を括弧書きする。

(4) 校長及び学級担任者の押印は，学年末または児童の転学・退学の際に，記入についての責任を有する校長及び学級担任者が押印する。

(5) 情報通信機器を活用して指導要録を作成する場合，氏名の記入及び押印については電子署名*で行うことも可能である。

> *電子署名及び認証業務に関する法律（平成12年法律第102号）第2条第1項に定義する「電子署名」をいう。

〈記入例〉

年　　度	令和2年度	令和3年度	令和4年度
区分＼学年	1	2	3
校長氏名印	高橋　浩史㊞	高橋　浩史㊞	高橋　浩史 （4月〜12月） 田中　里美㊞ （1月〜3月）
学級担任者氏　名　印	岡田　淳子 （4月〜12月） 清水　宏子㊞ （1月〜3月）	清水　宏子㊞ 宮本	宮本　宏子㊞ （4月〜10月），（1月〜3月） 伊藤　佳織 （11月〜12月）

第4章

各教科の学習の記録

Q1 「各教科の学習の記録」欄の主な改訂点は何か

A 「各教科の学習の記録」欄の「観点別学習状況」は，これまでと同様に「目標に準拠した評価」により３段階（Ａ，Ｂ，Ｃ）で行うが，評価観点が大きく変わるとともに，全教科で統一されることになった。新しい評価観点は，「知識・技能」「思考・判断・表現」「主体的に学習に取り組む態度」の３つである。

2017 年に改訂された学習指導要領では，目標として「資質・能力の３つの柱」が提起されたが，これは①「知識及び技能」（何を理解しているか，何ができるか），②思考力，判断力，表現力等（理解していること・できることをどう使うか），③「学びに向かう力，人間性等」（どのように社会・世界と関わり，よりよい人生を送るか）である。③「学びに向かう力，人間性等」が，指導要録の評価観点の「主体的に学習に取り組む態度」に対応する。

従前の指導要録の評価観点は，教科により観点の名称に多少の差異は見られたが，「関心・意欲・態度」「思考・判断・表現」「技能」「知識・理解」の順に配列されていた。今次の改訂では，「技能」と「知識・理解」が統合されて，配列の冒頭に位置づけられ，情意的領域の評価である「関心・意欲・態度」が「主体的に学習に取り組む態度」に改められ，配列の最後に位置づけられた。

評価観点の数は，従前は国語が5つ，生活科が3つ以外はすべて4つの観点であったが，教科により名称が異なっていた。しかし，今次の改訂では統一された3つの評価観点になった。

「特別の教科　道徳」は，第5章で述べるように，「観点別学習状況」欄も「評定」欄もなく，文章で記述する。また，5・6年の「外国語科」は，従前の「外国語活動」とは異なり，他の教科と同様に，「観点別学習状況」欄と「評定」欄がある。

「評定」は，従前通り3年以上で記入するが，「観点別学習状況」と同様に，3段階絶対評価（3，2，1）で行う。

〈新旧指導要録観点対照表〉

新指導要録	旧指導要録
国　　語	国　　語
知識・技能 思考・判断・表現 主体的に学習に取り組む態度	国語への関心・意欲・態度 話す・聞く能力 書く能力 読む能力 言語についての知識・理解・技能
社　　会	社　　会
知識・技能 思考・判断・表現 主体的に学習に取り組む態度	社会的事象への関心・意欲・態度 社会的な思考・判断・表現 観察・資料活用の技能 社会的事象についての知識・理解
算　　数	算　　数
知識・技能 思考・判断・表現 主体的に学習に取り組む態度	算数への関心・意欲・態度 数学的な考え方 数量や図形についての技能 数量や図形についての知識・理解
理　　科	理　　科
知識・技能 思考・判断・表現 主体的に学習に取り組む態度	自然事象への関心・意欲・態度 科学的な思考・表現 観察・実験の技能 自然事象についての知識・理解

Q2 「観点別学習状況」の記入は，どのようにすればよいか

A

「観点別学習状況」は，学習指導要領に示す各教科の目標に照らし，次のようにA，B，Cの3段階の評価をする。評価方法は，「目標に準拠した評価」を用いて行う。

・「十分満足できる」状況と判断されるもの ……………………………A
・「おおむね満足できる」状況と判断されるもの …………………………B
・「努力を要する」状況と判断されるもの …………………………………C

〈記入例〉

各　教　科　の　学　習　の　記　録							
教科	観　　点　　　　　　学　　年	1	2	3	4	5	6
国語	知識・技能	B	B	A	A	A	A
	思考・判断・表現	B	A	A	A	A	A
	主体的に学習に取り組む態度	B	A	A	A	A	A
	評定			3	3	3	3

では，評価の仕方について述べてみよう。

まず，学習指導要領に基づき，単元ごとに到達目標を設定する。そして，到達目標から学習内容や活動内容を構想し，評価規準を観点別に設定する。評価観点は，指導要録の観点を援用しつつ，子どもや学校の実態に応じた観点を含め3〜4つ程度を含むようにするのがよい。

ここでいう「規準」(criterion)とは，「〜が分かる」「〜ができる」といった質的なものを指す。たとえば，次のようなものを挙げることができる。

・輸送機関には，自動車，鉄道，船，飛行機などがあり，自動車の輸送量がおよそ半分を占めていることが分かる。(5年社会)
・リトマス試験紙の色の変化により，水溶液の性質が判別できることが分かる。(6

年理科)

評価規準については,『小学校　教科書単元別　到達目標と評価規準』(日本標準) を参考にするとよいだろう。

次に,到達状況を3段階で判定するための基準 (カッティングポイント) を設定する。ここでいう「基準」(standard) とは量的なものを指す。どの程度,到達できればA,B,Cになるかという基準である。たとえば,次のように判定する。

・「教科書以外の資料も集めて,日本の主な漁港の生産額を説明することができる」……………………………………………………………………………A
・「教科書の資料から,日本の主な漁港の生産額を説明することができる」………………………………………………………………………………………B
・「教科書の資料から,日本の主な漁港の生産額を説明することができない」…………………………………………………………………………………C

ここで留意しなければならない点は,基礎的事項と発展的事項とでは,判定基準が異なることである。たとえば,到達度 (達成度) で示すと,次のような考え方である。

・基礎的事項では,Aは90%以上,Bは80〜89%,Cは79%以下
・発展的事項では,Aは80%以上,Bは60〜79%,Cは59%以下

領域や単元によって,「基準」を弾力的に変更してもよいが,教師間で共通理解を図っておかなければならない。

各単元の終了時に評価をした後,各学期末に,単元別の評価を累加したものから観点別評価を行う。通常,Aを3点,Bを2点,Cを1点として累加したものの平均値を求める。たとえば,平均値が2.7ならば四捨五入して,その観点はAに,平均値が2.3ならばBになる。

Q3 「評定」の記入は，どのようにすればよいか

A

　「観点別学習状況」の結果（Q２に示した）を基に，総合的評価である「評定」を算出することになる。

　「観点別学習状況」のＡを３点，Ｂを２点，Ｃを１点として合計点を求め，観点の数（＝３）で割ることによって，「評定」の数値を算出することができる。ただし，特定の評価観点（たとえば「知識・技能」）を重視する指導方針であれば，1.5〜2倍の重みづけを行ってから，「評定」を算出することになる。重みづけを行う場合，教師間で共通理解を図っておくことが必要である。

Q4 「知識・技能」の評価を行うに際して，留意すべき点は何か

A

　「知識・技能」の評価は，各教科において習得すべき知識や技能を子どもが習得しているかを評価するものであり，従前の「知識・理解」と「技能」を合わせた評価観点となった。「知識・技能」の評価は，他の学習や生活の場面でも活用できる程度に概念等を理解したり，技能を習得したりしているかを評価することが求められている。

　「知識」の評価は，テスト法が最も適している。教師作成のテストだけでなく，標準学力検査（たとえば標研式ＣＤＴ）を用いて，全国の子どもの到達水準と比べることも，必要な場合がある。その際は，平均点だけでなく，標準偏差や得点分布についても検討しなければならない。標準偏差は，個人差の大きさを表す指標であり，この値が大きいとよくできる子どもからできない子どもまでの学力格差が大きいことを示している。得点分布が二こぶ型になっていると，低学力層と高学力層に二極分化していることを意味しており，学力回復の指導が急務となる。理想的な学力分布は，得点が高い方に凝集した形である。

ペーパーテストを作成する場合，出題内容が「知識」の評価項目だけに偏らないように留意する。また，総括的評価として作成する場合，各単元からバランスよく出題することが大切である。

「技能」の評価は，たとえば，算数において式やグラフに表すことや，理科において観察・実験の過程や結果を的確に記録し整理することなどが該当する。「技能」は「知識」と並んでペーパーテストで評価しやすい。高度の認知能力である思考力・判断力と比べると，客観的に評価することができ，到達目標の設定も容易である。評価技法としては，評価の対象によって大きく2つに分けられる。

第1に，読み・書き，作文，計算，社会や理科の資料活用の評価では，テスト法や作品法（作品の完成度や独創性などを評価する）が適している。テストを作成する際には，「知識・技能」の評価なのか，「思考・判断・表現」の評価なのか，識別しておくことが大切である。

第2に，実験や観察，運動技能などの評価では，テスト法は不適であり，観察法，作品法，評定法（チェックリスト法）などを用いることが望ましい。評定法では，評定する項目数を精選して評価者の負担を軽減すること（たとえば形成的評価では，整理する時間を考慮して2〜4項目にする），観察法では，様々な評価の歪み（たとえば，ある側面で優れている／劣っていると評価すると，すべてが優れている／劣っていると判断してしまう「ハロー効果」や，好意をもっている子どもには実際以上に様々な面で好意的に評価してしまう「寛容効果」など）が生じないように配慮することが留意点である。

Q5 「思考・判断・表現」の評価を行うに際して，留意すべき点は何か

A 前回の指導要録の改訂では，「思考・判断」に「表現」が加わったが，これは「思考・判断・表現」の観点の学習評価を，言語活動を中心とした表現活動や子どもの作品等を一体的に行うことを明確にしたからである。新指導要録

では，「思考・判断・表現」の観点は，従前の観点と変わりがない。

　「思考・判断・表現」の評価では，文章，表や図に整理して記録するという表面的な現象を評価するものではなく，基礎的・基本的な知識・技能を活用しつつ，各教科の内容に即して思考・判断したことを，記録，要約，説明，論述，討論といった言語活動等を通じて評価しなければならない。たとえば，課題を多面的に考察しているか，観察や実験の分析や解釈を通じ規則性や法則を見いだし，グラフや式等を用いて表現しているか，作品を通して構想や設計に関わる工夫をしているかなどを評価することである。

　評価技法としては，論述，発表や討論，観察や実験，レポートの作成などの学習活動を通して，観察法や評定法などを用いるとともに，ペーパーテストでも評価できるように課題（たとえば，ディベートタイプの作文課題，複数の表やグラフを提示して相互の関連を考えさせる課題，予想した結果についての理由づけを行わせる課題など）を設定する。

　「思考・判断・表現」の評価に用いるために，全国学力・学習状況調査の「B（活用）問題」を参考にして，テストの作成・開発を行うことを期待したい。パフォーマンス評価を用いることもよいが，適切なルーブリック（評価指標）を設定することが必要である。ルーブリックとは，到達状況を示した数値的な尺度（通常は3〜6段階）と，それぞれの段階の特徴を示した記述語（例：レベル0「発表会に参加しなかった」，…レベル2「発表会に参加し，担当部分を発表したが，内容が不十分で，質問にうまく答えることができなかった」，…レベル5「発表内容は独自で調べて資料を取り入れて広範囲にわたり，写真や図表などの多数の資料を用いて分かりやすく説明できていた。質問に対して適切な回答ができていた」）から成り立っている。

　このように，「思考・判断・表現」の評価では，結果だけではなく，思考や判断の過程も含めて評価することが大切である。

Q6 「主体的に学習に取り組む態度」の評価を行うに際して，留意すべき点は何か

A　まず，「資質・能力の3つの柱」のひとつである「学びに向かう力，人間性等」は，「主体的に学習に取り組む態度」として「観点別学習状況」の評価を通じて見取ることができる部分と「観点別学習状況」の評価にはなじまず，個人内評価等を通じて見取る部分があることを留意すべきである。たとえば，感性や思いやりは「観点別学習状況」の評価にはなじまず，個人内評価（「総合所見及び指導上参考となる諸事項」に記入）の対象になる。

　中央教育審議会初等中等教育分科会教育課程部会の『児童生徒の学習評価の在り方について（報告）』(2019年1月)では，「主体的に学習に取り組む態度」を評価する側面として，以下の2点が挙げられている。

---

① 知識及び技能を獲得したり，思考力，判断力，表現力等を身に付けたりすることに向け粘り強い取組を行おうとする側面と，

② ①の粘り強い取組を行う中で，自らの学習を調整しようとする側面

　そして，「この観点のみを取り出して，例えば挙手の回数など，その形式的態度を評価することは適当ではなく，他の観点に関わる児童生徒の学習状況と照らし合わせながら学習や指導の改善を図ることが重要である」と，留意すべき点が記載されている。

　自らの学習を調整しようとする側面とは，自己の学習活動をモニタリングし，必要に応じて修正や補正を行うことができることであり，協調学習として教育心理学の分野では研究されている。また，メタ認知（認知していることが分かる）ができているかについても，評価の視点に入るものである。

　「主体的に学習に取り組む態度」の評価観点の趣旨の例（『小学校，中学校，高等学校及び特別支援学校等における児童生徒の学習評価及び指導要録の改善等について（通知）』2019年3月）を挙げてみよう。

・言葉を通じて積極的に人と関わったり，思いや考えを広げたりしながら，言葉がもつよさを認識しようとしているとともに，進んで読書をし，言葉をよりよく使おうとしている。（5年及び6年　国語）
・数量や図形に進んで関わり，数学的に表現・処理したことを振り返り，数理的な処理のよさに気付き生活や学習に活用しようとしている。（3年　算数）
・音や音楽に親しむことができるよう，音楽活動を楽しみながら主体的・協働的に表現及び鑑賞の学習活動に取り組もうとしている。（3年及び4年　音楽）

　いずれも，文の末尾は，「〜ができる」「〜が分かる」といった到達目標ではなく，「〜しようとしている」といった方向目標になっている。

　従前の「関心・意欲・態度」の評価においても，挙手や発言の回数，ノートのとり方，提出物をきちんと出しているかなどを評価指標に用いるという誤りが見られたが，今次改訂の「主体的に学習に取り組む態度」の評価でも同様の誤りは避けなければならない。もちろん，ノート提出による理解度の把握は大切であり，ノートやワークシートに子どもが記載した内容から，しっかりと「主体的に学習に取り組む態度」や「思考・判断・表現」を見取ることは大切である。あわせて，ポートフォリオ評価や教師と子どもとの対話などを活用すべきである。

　また，「主体的に学習に取り組む態度」は，「知識・技能」や「思考・判断・表現」と密接に関係する学力の要素であるので，これらと切り離して評価するのではなく，「知識・技能」や「思考・判断・表現」と関連付けて評価する必要がある。たとえば，「主体的に学習に取り組む態度」がAなのに，「知識・技能」や「思考・判断・表現」がCということは，理論的にあり得ない。「主体的に学習に取り組む態度」が良好であるのに，知識や技能が習得できていないということは，教師の指導に問題があると推測される。逆に「主体的に学習に取り組

む態度」がCなのに，「知識・技能」や「思考・判断・表現」がAということも同様である。

　「主体的に学習に取り組む態度」の評価では個人内評価の視点を積極的に取り入れたい。また，子どもの自己評価や相互評価も評価情報として生かしたい。

　なお，「各教科・各学年の評価の観点及びその趣旨」を巻末に掲載しているので，参考にしてほしい。

（藤岡秀樹）

第5章

特別の教科　道徳

Q1 「特別の教科　道徳」の特徴は何か

A　最初に，学習指導要領における「道徳」の変遷にふれておこう。1958年に「道徳の時間」(特設「道徳」) が開設された。それまでは，学校における様々な学習活動を通して，「道徳」の指導を行ってきた。2017年版学習指導要領の告示までに，6回の改訂が行われてきた。2008年版学習指導要領では，指導計画の作成においては，校長の方針の下に，道徳教育の推進を主に担当する教師 (「道徳教育推進教師」) を中心に行うことが明記され，職場体験活動 (主として中学校) や情報モラルに関する指導が新たに加わった。

　2015年に学習指導要領を部分改訂し，「特別の教科　道徳」とし，現行の2017年版学習指導要領においては，教科化による教科書の使用が開始された。教科化の引き金となったのは，「いじめ」の重大事案の発生，子どもをとりまく地域や家庭の変化 (ルールやマナーが遵守されない，家庭の教育力の低下)，情報通信技術の発展と子どもの生活問題 (携帯電話やスマホの普及に伴う問題) などが挙げられていた。

　これまでは，「道徳の時間」は教科ではなく，「総合的な学習の時間」や特別活動などと同様の「領域」として教育課程に位置づけられてきた。しかし，今

次の改訂では，教科に準ずる扱いとなり，教科書の発行や指導要録での評価が行われるようになった。教科化には，従前の「道徳の時間」のもつ問題（指導のばらつきや軽視，効果的な指導ができていない，読み物教材の登場人物の心情理解にとどまるなど）を改善する意図があった。答が１つでない道徳的な課題を自分自身の問題として捉え向き合う「考え，議論する道徳への質的転換」が期待されている。教科化を危惧する研究者からは，心理主義に陥るという批判やこれまで自由に授業を展開できたが，教科書の内容に拘束されるという批判がされている点に留意する必要があろう。

　「特別の教科　道徳」の目標（小学校）は，「よりよく生きるための基盤となる道徳性を養うため，道徳的諸価値についての理解を基に，自己を見つめ，物事を多面的・多角的に考え，自己の生き方についての考えを深める学習を通して，道徳的な判断力，心情，実践意欲と態度を育てる」となっている。

　学習指導要領では，道徳性を構成する諸様相として，①道徳的判断力，②道徳的心情，③道徳的実践意欲と態度を挙げている。①はそれぞれの場面において善悪を判断する能力であり，②は道徳的価値の大切さを感じ取り，善を行うことを喜び，悪を憎む感情のことであり，③は道徳的判断力や道徳的心情によって価値があるとされた行動をとろうとする傾向性のことである。

Q2 「特別の教科　道徳」の指導内容は何か

A　「特別の教科　道徳」の指導内容は，従前の４領域（①自分自身に関すること，②人との関わりに関すること，③集団や社会との関わりに関すること，④生命や自然，崇高なものとの関わりに関すること）が維持されているが，４項目の配列順序が改められた。

　内容項目は，①は「善悪の判断，自律，自由と責任」「正直，誠実」「節度，節制」「個性の伸長」「希望と勇気，努力と強い意志」「真理の探究」の６項目（ただし，「真理の探究」は第５学年以上のみ）から構成されている。②は，「親切，

思いやり」「感謝」「礼儀」「友情，信頼」「相互理解，寛容」の5項目（ただし，「相互理解，寛容」は第3学年以上のみ）から構成されている。③は，「規則の尊重」「公正，公平，社会正義」「勤労，公共の精神」「家族愛，家庭生活の充実」「よりよい学校生活，集団生活の充実」「伝統と文化の尊重，国や郷土を愛する態度」「国際理解，国際親善」の7項目から構成されている。④は，「生命の尊さ」「自然愛護」「感動，畏敬の念」「よりよく生きる喜び」の4項目（ただし，「よりよく生きる喜び」は第5学年以上のみ）から構成されている。

「道徳」の教科化に伴い，教科書の使用義務が発生するが，都道府県教育委員会や出版社が刊行した副読本の使用，教師作成の教材，子どもの作文，新聞記事などの活用も可能である。内容項目（徳目）を教え込む授業は，道徳性の育成には好ましくなく，問題解決的な学習や体験的な学習を採り入れたり，葛藤を引き起こす「モラルジレンマ」教材を活用することも期待したい。

情報モラルに関する指導や現代的な課題を「特別の教科　道徳」で扱うことは，重要である。持続可能な開発をめぐる問題（環境，貧困など），人権（障害理解学習，高齢者問題，差別など），平和，法教育，キャリア教育を通した労働・職業問題なども取り組みたい。

指導に際しての留意点を挙げてみよう。「家族愛」の単元では，ひとり親の家庭の子ども，虐待を受けた子どもがいる場合は，慎重な取扱いが必要であり，場合によっては，ほかの単元・教材に差し替えることも検討したい。これまで実施されてきた「二分の一成人式」についても，同様の懸念がある。

外国籍の子どもや外国にルーツがある子どもが在籍している場合，「愛国心」の単元の取扱いに配慮が必要である。偏狭な自国文化賛美にならぬよう，多文化共生の視点で，教材開発と授業の展開を期待したい。

子どもの発達段階を考慮するとともに，個人差が大きいことにも配慮し，子ども一人一人の感じ方や考え方を大切にした授業展開を心がけることが大切である。内容項目（徳目）を1単位時間で教え込み，予定調和的・観念的に理解させることは，「特別の教科　道徳」の趣旨からも好ましくない。

Q3 「特別の教科 道徳」の評価は，どのようにすればよいか

A 　道徳性は人間の内面の感情や資質に関わるものであり，到達目標を設定して道徳性を評価することや数値的に評価することは，やるべきではない。指導を通して道徳性がどのように高まったかを評価することが，大切である。また，子どもの人格を評価するものではないことを念頭に置きたい。

　「特別の教科 道徳」の評価は，個人内評価を前提とし，子ども一人一人のもつよい点や進歩の状況などを評価し，学習したことの意義や価値を実感できるように，子どもにフィードバックする。教師と子どもとの対話を通して，共感的理解を進める。そして，1単位時間終了時の形成的評価を重視し，指導の改善に活かすことはいうまでもない。

　評価方法は，ワークーシート，感想文，発言，プレゼンテーション，自己評価など多様な方法を活用する。小学校低学年では，文章記述が苦手な子どもや発言することが苦手な子どももいることに配慮し，教師との対話や問答，ノンバーバルな行動にも着目し，よく観察することが大切である。ティーム・ティーチングによる複数教師での見取りも有効である。

　単元によっては，子どもの興味・関心が変動し，道徳的実践意欲と態度も不安定になることも散見する。1年間の成長を適切に評価するためには，補助簿の活用を勧めたい。

Q4 「特別の教科 道徳」欄には，何を記入するのか

A 　指導要録の今次の改訂で，初めて「道徳」に関する評価欄が設けられた。「特別の教科 道徳」欄には，「学習状況及び道徳性に係る成長の様子」の名称が記載されている。学習活動における子どもの学習状況や道徳性に係る成長の様子を個人内評価として文章で端的に記述することになっている。

　前述のように，道徳性を構成する諸様相は，道徳的判断力，道徳的心情，道徳的実践意欲と態度の3つであるが，観点別評価・分析的評価を行うものではないことに留意する必要がある。スペースの関係から，簡潔に1年間の学習の成果を総括し，大くくりとして記入する必要がある。

　たとえば，次のような文例が考えられる。

> ●友達の考え方と自分の考え方とを比べ，異なった考え方や多様な考え方があることを理解し，相対化することができた。
> ●生命の尊重に関する学習で，身の回りの環境問題と関連付けて理解することができ，適切な道徳的判断力が身に付いた。

　次に，記入に際して留意すべき点について述べよう。第1に，発達障害等のある子どもに対する配慮である。相手の気持ちを想像することが苦手であり，字義通りの解釈をしてしまうことがあったり，暗黙のルールの理解が困難であったり，望ましいと分かっていてもその通りできないことがあることを教師は理解したうえで評価することが求められる。指導上の配慮として，他者の心情を理解するために役割を交代して動作化，劇化をしたり，ルールを明文化したりするが，評価に際しても，このような指導の配慮を行った結果，当該児が相手の意見を受け入れつつ，自分の考えを深めているなどを丁寧に見取ることが必要である。教師が障害特性を理解するとともに，学習の困難さに対応した評価をする必要がある。

　第2に，海外から帰国した子どもや外国籍の子ども，外国にルーツがある子どもに対する配慮である。外国の生活や異文化体験により，日本の社会とは異なる言語や生活習慣，行動様式を身に付けている。母語が日本語でないので日本語理解力が不十分のため，ほかの子どもと話し合うことが苦手であったり，意見を発表することに抵抗があったりする場合がある。日本語の表現がうまくできない場合は，発言や文章記述以外の方法で，道徳性の評価をすべきである。

第3に，人権に配慮した表現を用いて記入することである。道徳性の評価は，人格を評価するものではないと前述したが，人格に対する評価になっていないか疑問がある場合は，管理職や「道徳教育推進教師」に相談するのも一つの対応策である。「特別の教科　道徳」の評価だけでなく，指導要録の記入一般に関することであるが，指導要録の開示に向けての対応は，学校現場に求められているからである。

〈記入例〉

特　別　の　教　科　　道　徳	
学年	学習状況及び道徳性に係る成長の様子
1	自分がたくさんの人々の世話になっていることに気付いた。学校で世話をしてくれる用務員さんに自分から感謝の気持ちを伝えていた。
2	

（藤岡秀樹）

【「特別の教科　道徳」欄の記入文例】

学年	記入文例
1・2年	●友達の思いや考えを聞き，いじめなど人としてしてはならないことについて気付き，よいことと悪いこととを区別して考えようとする姿が見られた。
	●教材文の主人公のうそやごまかしたあとのいやな気持ちに共感し，正直に生活する大切さについて考え，友達に伝えるとともに自分の考えを深めた。
	●自分の生活を振り返る中で，わがままな生活をしないことのよさに気付き，規則正しい生活をしようとする意欲を高めていた。
	●今までの自分を振り返り，周囲の人たちから親切にしてもらった時の思いに気付き，思いやりをもって友達に接することの大切さについて考えを深めた。
	●グループでの話合いで，自分がたくさんの人に支えられていることに気付き，周りの人に感謝する気持ちを高めていた。
	●友達のよさについて，様々な視点から考えることができ，困っている友達を助けようとする気持ちを強めていた。
	●自分も周りの人も気持ちよく過ごすために決まりがあることに気付き，今までの自分の生活を見つめ直し，決まりについて考えを深めるようになった。
	●誰とでも分け隔てなく接するよさについて考えを深めた。好き嫌いにとらわれず，友達と仲良くしようとする思いを強くしていた。
	●家族について考える学習で，自分が家族の一員であることを強く意識することができ，家族のために自分ができることを進んでしようとする気持ちを高めていた。
	●自分の誕生を心待ちにしていた家族の思いに気付き，自分の命と同じようにほかの人の命も大切にしようと考えを深めていた。
	●人間だけでなく動物にも植物にも命があることに気付き，自分の身の回りにある動植物を大切にするためにできることをしようとする意欲を高めていた。
	●相手を一途に思いやる教材文の主人公の美しい心に気付き，すがすがしい心を感じ取り，自分もそうなりたいという思いを強くしていた。
3・4年	●はっきりと自分の意見を言う教材文の主人公の姿から，正しいと判断したことは自信をもって行うことの大切さを理解し，正しいことを行おうとする意欲を高めていた。
	●誠実さについて考える学習で，役割演技を通して自分の過ちを認めて正直に伝える大切さに気付き，うそやごまかしはしないという思いを強くしていた。
	●友達と互いのよさを伝え合う活動を通して，自分のよさについて様々な点から捉えることができ，自分の個性についての考えを深めた。

学年	記入文例
3・4年	●これまでの自分の友達との関わり方を振り返り，親切や思いやりとは相手の気持ちを考えて行動することだと考えを深めていた。
	●「いじめ」問題について考える学習で，友達に寄り添う大切さに気付いていた。困っている友達に進んで関わり，助け合っていこうとする意欲を高めていた。
	●自分の意見や気持ちを相手に伝えることの大切さに気付くとともに，なぜ自分と意見が異なるのかの理由について考えを深めていた。
	●ボランティアについての学習を通して，みんなのために進んで働こうとする気持ちを高めていた。自分のできることについて考えを深めている姿が見られた。
	●よりよい学級にするために自分ができることを，様々な視点から考え深めていた。これまでの自分を振り返りながら，積極的に学級のために活動しようとする思いを強めていた。
	●地域のよさを人，もの，ことから見つめ直し，改めてそれらのよさを実感していた。地域のよさを守ったり，広めたりするために，自分ができることについて考えを深めている姿が見られた。
	●自分の命は，多くの人たちに支え守られていることについて理解を深め，自分と同じく生命あるものを大切にしようとする思いを強くしていた。
	●身近な自然環境と自分との関わりを振り返り，それらを守ることの大切さについて理解を深めた。それらを守るために自分のできることを考え，自然愛護の気持ちを高めていた。
	●教材文の主人公の気高い生き方について気付き，自分を振り返りながら，そうした美しい心や生き方を感じ取れることの大切さについて考えを深めていた。
5・6年	●自由に行動するには常に責任が伴うことを理解し，これからは行動する前に，行動の結果を考え責任ある行動をしようとする気持ちを高めていた。
	●教材文を通して自分の弱さを見つめる姿が見られた。自分の向上のために高い目標を立て，その達成を目指してくじけず努力していこうとする思いを強くしていた。
	●事実を究明しようとする登場人物のひたむきさに感銘し，自分に足りなかったところを振り返り，真理を探究し続けることの大切さに気付いていた。
	●これまでの自分を振り返り，多くの人たちに支えられてきたことに気付き，周囲の人たちに自分の感謝の気持ちをしっかり伝えようとする意欲を高めていた。

学年	記入文例
5・6年	●学習を通して，他者に対して互いのよさを認め，学び合い，支え合いながらよりよい関係を築くことの大切さに気付くとともに，健全な友達関係について深く考えている姿が見られた。
	●広い心とはどのようなことなのか，様々な視点から話し合うことができた。相手がなぜそのようなことをするのか，自分のことを振り返りながら考える様子が見られた。
	●「いじめ」について考える学習で，周りにいる人たちの言動が大切であると気付き，どのような時でも公平，公正な態度で友達と接しようとする思いを強くしていた。
	●ボランティア活動をする人々の思いに気付き，自分でもできるところから始めてみようとする意欲を高めていた。
	●国際親善を進めるために，自分にできることを多様な視点から話し合うことができた。外国やその国の人々への関心を高め，異なる文化を受け入れることについて深く学ぼうとする姿が見られた。
	●生命のつながりについて，様々な視点から考えを深め，家族や友達とのつながりの中で共に生きることのすばらしさに気付いていた。
	●今までの自分を振り返り，人間と自然が共存するために，自分ができる環境にやさしい取組について考えを深めていた。持続可能な社会の実現に努めようとする意欲を高めている様子が見られた。
	●自分だけでなく誰もが同じように弱い気持ちをもっていること，そして，その弱さを乗り越える力もまた誰もがもっていることに気付き，これからの生活に生かしていこうと考えを深めている姿が見られた。
	●LGBTに関する学習で，性自認や性（ジェンダー）についての意識の多様性を理解することができるようになった。
	●『子どもの権利条約』を取り上げた学習で，権利と義務との関連性について自分なりの考えをもつことができた。

第6章

外国語活動の記録

Q1 「外国語活動の記録」欄の主な改訂点は何か

A 外国語活動は，2008 年改訂の学習指導要領で，小学校 5・6 年に新設された。2007 年までは「総合的な学習の時間」の国際理解学習で外国語活動が実施されていたが，2008 年版学習指導要領では「総合的な学習の時間」から独立して，年間 35 時間実施することになった。

　そして，今次 2017 年の学習指導要領の改訂では，小学校 5・6 年は，教科として「外国語」が設けられ（年間 70 時間），小学校 3・4 年は，従前の 5・6 年で行う外国語活動と同じ扱いで実施されることになった。外国語科は，4 技能 5 領域（「聞くこと」「読むこと」「話すこと（やり取り）」「話すこと（発表）」「書くこと」）の学習を行うが，小学校 3・4 年の外国語活動は，「聞くこと」「話すこと（やり取り）」「話すこと（発表）」が中心とした活動である。この活動を通して外国語に慣れ親しみ外国語学習への動機づけを高めることがねらいである。そして，高学年では発達段階に応じて段階的に文字を「読むこと」「書くこと」を総合的・系統的に扱う教科学習を行い，中学校への接続を図ることになる。

　外国語活動では，原則として英語を取り扱うこととし，目標は「外国語によるコミュニケーションにおける見方・考え方を働かせ，外国語による聞くこ

と，話すことの言語活動を通して，コミュニケーションを図る素地となる資質・能力を次のとおり育成することを目指す」となっている。高学年の外国語科の目標である「コミュニケーションを図る基礎となる資質・能力」につながるものである点に，留意したい。

　文部科学省が外国語活動の教材 ("Let's Try!") を刊行しているので，これを用いるとともに，地域教材の開発も期待したい。

　これまでの外国語活動の指導要録での記入は，各評価観点ごとに文章記述することになっていたが，今次の改訂では，各観点に分けず一本化された。観点は，従前は「コミュニケーションへの関心・意欲・態度」「外国語への慣れ親しみ」「言語や文化に関する気付き」であったのが，各教科の観点と同様に「知識・技能」「思考・判断・表現」「主体的に学習に取り組む態度」に改められた。この観点に基づき文章記述することになるが，スペースの関係上，3つの観点すべてについて，記述することができなくてもかまわない。

〈記入例〉

外 国 語 活 動 の 記 録		
学年	知識・技能 　　　　思考・判断・表現	主体的に学習に取り組む態度
3	世界には様々な言語があることに気付き，自分の名前を言いながら進んであいさつをし合っていた。	
4		

Q2　「外国語活動」の「評価」は，どのようなものか

A　「外国語活動の記録」の観点は，各教科の評価観点と同じく，「知識・技能」「思考・判断・表現」「主体的に学習に取り組む態度」の3つである。指導

要録には評価の観点を記載し，それらの観点に照らして，子どもの学習状況に顕著な事項がある場合などにその特徴を記入する等，子どもにどのような力が身に付いたかを文章で端的に記述することになっている。

外国語活動の評価の観点及び趣旨について，下記に示す。

〈「外国語活動」の評価の観点及び趣旨〉

観点	知識・技能	思考・判断・表現	主体的に学習に取り組む態度
趣旨	・外国語を通して，言語や文化について体験的に理解を深めている。 ・日本語と外国語の音声の違い等に気付いている。 ・外国語の音声や基本的な表現に慣れ親しんでいる。	身近で簡単な事柄について，外国語で聞いたり話したりして自分の考えや気持ちなどを伝え合っている。	外国語を通して，言語やその背景にある文化に対する理解を深め，相手に配慮しながら，主体的に外国語を用いてコミュニケーションを図ろうとしている。

Q3 「外国語活動」の「評価」は，どのように書けばよいか

A 外国語活動の評価は，高学年の外国語科や中学校の外国語（英語）科とは異なり，観点別評価や評定などの数値的評価は行わない。個人内評価の視点で評価するのがよいだろう。行動観察や発表，自己評価や相互評価，ALTによる評価などをあわせて，総合的に評価しなければならない。

単元によって，子どもの興味・関心が揺れ動くこともあるので，活動に対応した形で子どもの活動状況の特徴やどのような力が身に付いたか，観点ごとに文章で記述することが求められている。

あいさつや自己紹介を取り上げた単元の記入例を挙げてみよう。

● 「こんにちは」のあいさつについて，英語の "Hello" だけでなく，"ニイハオ" "アンニョン" "ズドラーストビッチェ" など他の言語の表現が分

かり，自国文化と異文化の共通点と相違点に気付いている。(知識・技能)

● 場面に応じて様々な表現であいさつをしたり，自己紹介を工夫を凝らして行うことができる。(思考・判断・表現)

● あいさつや名刺交換の活動に楽しんで取り組み，多くの友達やALTと積極的にコミュニケーションを図ろうとした。(主体的に学習に取り組む態度)

Q4 「外国語活動」の評価を行うに際して，留意すべき点は何か

A　外国語活動の授業を行う際は，教科学習や「総合的な学習の時間」と同様に，評価規準を単元ごとに設定しなければならない。高学年の外国語科と比べると，方向目標に近い評価規準が多くなる。つまり，「〜ができる」「〜が分かる」といった到達目標ではなく，「〜しようとする」「〜に気付く」「〜に取り組もうとしている」などの文末にするのがよいだろう。

指導形態は，ALT（外国語指導助手）とHRT（学級担任）とのティーム・ティーチングとなることが多いため，事前に指導計画と評価計画についてALTと打ち合わせの時間を十分に取っていただきたい。複数で「見取る」ことは，評価情報が豊かになる。1単位時間の中で，あるいは1単元の中で，子どもにどのような「育ち」が見られたのか，変容の過程を個人内評価により評価することも大切である。

評価方法は，ペーパーテストになじまないことはいうまでもなく，多様な技法を用いることが肝要である。最も多く用いられるのは観察法であるが，子どもの数が多い学級では，1単位時間に3つの評価観点で全員を評価することは困難なので，評価観点を精選したり，抽出児や特定グループを中心に観察するとよいだろう。また，アクティビティやチャンツ，ロールプレイ，ゲームなどの活動の場では，ビデオや写真を撮り，授業終了後に振り返って評価に活用することも考えたい。ワークシートの書き込みやペア・ワークの活動内容から，

「思考・判断・表現」や「主体的に学習に取り組む態度」を評価することも大切である。また，自己評価や相互評価を重視し，級友からのコメントが記されたワークシートや自己評価カード（振り返りカード）を累積してポートフォリオとして用いるのもよいだろう。

　「知識・技能」の評価では，語彙の量や表現の適切性を重視するよりも，英語の歌を口ずさんだり，リズムを楽しんだりする活動や，英語を用いたゲーム活動にも注目すること，日本と外国の言語や文化についての理解ができていること，「思考・判断・表現」では，教師と子どもとの対話を通した評価や TPO に応じた表現ができているかを評価すること，「主体的に学習に取り組む態度」では，個人内評価を中心に評価することなどが大切である。

（藤岡秀樹）

【「外国語活動の記録」欄の記入文例】

学年	記入文例
3年	● 「Hello!」の学習で，世界の国々には様々な言語があることを知り，英語で友達やALTに自分の名前を言って，あいさつを交わすことができた。
	● 「This is for you.」の学習で，友達とプレゼント交換するカードを作るため，欲しい色や形を尋ねたり答えたりすることができた。
	● 「How are you?」の学習で，自分の様子や状態を表情や動作を交えながら，人前で話すことができた。
	● 「What do you like?」の学習で，担任やALTなどが話すのを聞き，イラストや写真を手がかりに，だれが何を好きなのかを理解しようとしていた。
	● 「What's this?」の学習で，果物や動物などの外来語とそれに由来する英語の違いに気付き，英語の音声やリズムなどに慣れ親しむことができた。
	● 「ALPHABET」の学習で，身の回りには活字体の文字で表されているものが多いことに気付くとともに，活字体の大文字を識別し，自分や友達の名前の頭文字を考えることができた。
	● 「This is for you.」の学習で，友達と欲しい色や形を尋ねたり答えたりする活動を通して，互いの理解を深めコミュニケーションの楽しさを実感できた。
	● 「Hello!」の学習で，担任とALTのあいさつのやり取りから，初めて学習する英語へのイメージをもつとともに，自分も自信をもってあいさつしようとする意欲をもった。
	● 「I like blue.」の学習で，世界の子供たちの描く虹と自分の描く虹との違いに気付き，ほかの国や地域の虹はどう描くのだろうかと関心をもちながら学習できた。
4年	● 「This is my favorite place.」の学習で，自分が気に入っている校内の場所をイラストや写真などを見せながら発表することができた。
	● 「Hello, world!」の学習で，映像資料を視聴し，世界には様々な文字やあいさつの仕方があることに気付くとともに，様々なあいさつに慣れ親しむことができた。
	● 「Alphabet」の学習で，身の回りに多くある活字体の文字に気付くとともに，発音された文字を聞いて，bやd，pやqなど間違えやすい文字も区別することができた。
	● 「Do you have a pen?」の学習で，相手に文房具をプレゼントするという状況をよく理解し，予想した相手の好む文房具の数や色などと合わせながら，話を聞くことができた。

学年	記入文例
4年	●「What do you want?」の学習で，自分のメニューに必要な食材を尋ねた時，その食材が無い場合や数が不足する場合の表現の仕方を考えながら買い物ができた。 ●「I like Mondays.」の学習で，曜日の言い方や曜日を尋ねたり答えたりする表現を学び，like の後に自分の好きな曜日を入れることに気付いた。 ●「This is my day.」の学習で，一日の過ごし方を紹介し合い，友達との違いや同じところに驚いたり相づちを入れたりして，コミュニケーションの楽しさを実感できた。 ●「What do you want?」の学習で，オリジナルメニューを紹介する際，社会科で学んだ地域の郷土料理の学習と関連させながら取り組むことができた。 ●「This is my favorite place.」の学習で，好きな教室を案内する際，プログラミングの手法で目的地までの最短距離や少ない指示回数など，相手のことを考えながら道案内できた。

第7章

総合的な学習の時間の記録

Q1 「総合的な学習の時間の記録」の評価の趣旨は何か

A 「総合的な学習の時間」は，小学校第3学年以降，高等学校までに設けられた学習活動である。なお，今次の学習指導要領の改訂では，高等学校では，従前の「総合的な学習の時間」が「総合的な探究の時間」に名称が改められた。「総合的な学習の時間」は，体験や活動を重視した学習であり，小学校低学年の生活科との共通点は大きい。生活科は教科として位置づけられているので，「各教科の学習の記録」に評価が記入されるが，「総合的な学習の時間」は教科ではないため，「各教科の学習の記録」の評価項目にはなっていない。

新学習指導要領では，「主体的・対話的で深い学び」が重視されているが，「総合的な学習の時間」では，「主体的・対話的で深い学び」を通して探究的な学習や協働的な学習を行うことが期待されている。そして，教科等横断的なカリキュラム・マネジメントの軸となるよう，教科目標をふまえて，「総合的な学習の時間」の目標を設定することが求められる。

「総合的な学習の時間」の小学校における年間授業時数は，従前と変わらず70時間となっているが，音楽や図画工作，家庭などの実技教科よりも年間授業時数は多い。

また，学習の展開の仕方は，社会や理科の「調べ学習」や観察・実験と共通点が多い。全国学力・学習状況調査の分析結果でも，「総合的な学習の時間」で探究のプロセスを意識した学習に取り組んでいる子どもほど，各教科の正答率が高いことが示されている。

　「総合的な学習の時間」の授業における評価では，①信頼される評価の方法であること，②多面的な評価であること，③学習状況の過程を評価することが求められている。指導要録の記載に際しても，同様である。

〈記入例〉

	総　合　的　な　学　習　の　時　間　の　記　録		
学年	学　習　活　動	観　　点	評　　価
3	地域を紹介しよう	協力して問題を解決する能力 分かりやすく伝える技能 主体的に学習に取り組む態度	地域の伝統行事や郷土料理を調べるために，アンケート調査や高齢者へのインタビューに取り組み，グループで協力して壁新聞にまとめた。
4			

Q2 「総合的な学習の時間の記録」欄の記入にあたって，注意することは何か

A　「総合的な学習の時間の記録」欄には，「学習活動」「観点」「評価」の3つの記入事項があり，この3者は相互に関係があることに留意しておく必要がある。「学習活動」に対応する「観点」があり，その「観点」に基づいて「評価」を行うことになる。「学習活動」および指導の目標や内容に基づいて，定めた評価の「観点」をまず記入し，それらの観点の中で子どもの学習状況に顕著な事項があれば，その特徴を記入する。記入は，子どもにどのような力がついたかを文章で記述することになる。

　「総合的な学習の時間」は教科学習とは異なり，数値的な評価は行わない。

具体的な活動の姿と，子どもが習得した内容や力が分かるように記入すること
が求められている。評価の記入例を挙げてみよう。

●日本とインドの食生活の違いについて，大使館へのインタビューやイン
ターネットで調査した具体例を挙げ，それぞれの文化への理解を深める
ことができた。
●自ら進んで校区内を調査し，バリアフリーの町づくりのための提言をま
とめ，発表会では分かりやすく報告し，市役所に調査結果を送付した。

Q3 「学習活動」には，何を書けばよいか

A 　「総合的な学習の時間」の「学習活動」は，学習指導要領によれば次の3
つが示されている。

(1) 現代的な諸課題に対応する横断的・総合的な課題

(2) 地域や学校の特色に応じた課題

(3) 児童の興味・関心に基づく課題

(1) では，国際理解，情報，環境，福祉・健康などの諸課題があるが，示し
た課題をすべて取り上げる必要はないとされている。例示以外の課題を取り
扱ってもよく，その例として，資源エネルギー，食，科学技術などが示されて
いる。学習指導要領の趣旨にかなっていれば，性と生，平和，人権なども課題
として適切である。さらに，教科発展型・教科融合型の「学習活動」も含まれ
る。教科発展型では，何の教科の何の単元の発展なのか，また何の教科と何の
教科の融合・横断的な学習なのか，教師がきちんと認識しておく必要がある。
「総合的な学習の時間」は，教科学習とはその目標が異なっている点に留意し
ておかなければならない。

(2) では，町づくり，伝統文化，地域経済，防災などが該当する。地域のこ
とは意外と子どもは知らないので，自己の生き方との関わりで考えさせたい。

これらの課題は，正答が一つに定まらないものが多く，既存の教科では十分に扱うことが困難であるので，「総合的な学習の時間」で実践することが望まれる。

（3）では，キャリア，ものづくり，生命などが該当する。キャリア教育は小学校から実施する学習であるが，自己の生き方を考えさせ，将来への夢や希望をもたせるような実践を期待したい。社会科の地域学習・産業学習と関連付けて実施することも考えたい。

これらの「学習活動」では，学習過程を探究的にすることと，他者と協同して取り組むことが求められている。探究の過程は，①課題の設定→②情報の収集→③整理・分析→④まとめ・表現となるが，この過程が繰り返されていき，学習の質がスパイラルに高まっていく。他者と協同して取り組む学習には，第1に，多様な情報の収集につながること，第2に，異なる視点から検討できること，第3に，地域の人との交流や友達との学習で，相手意識や学習活動のパートナーとしての仲間意識を生みだすことなどのメリットがある。

他者と協同して取り組むテーマの場合，細かく見ると，関心や意欲は微妙に異なり，追究の仕方，内容の拡がりも時間の経過とともに，個人差が生じてくるようになる。そのための見取りは不可欠である。

多くの学校では，1年間の学習活動は2〜4つ程度だと思われる。スペースの関係から，簡潔に学習活動を列挙することになる。次年度の担任が読んでも，どんな学習活動をしたかが分かるように，表記の仕方に工夫を凝らしたいものである。個人別に課題を設定した場合は，特にその子どもが何を行ったかかが分かるように具体性をもった書き方が必要である。

「学習活動」の具体例としては，79ページに挙げられているので，これについてコメントを付したい。

（1）現代的な諸課題に対応する横断的・総合的な課題では，「国際理解」「情報」「環境」「福祉」「健康」「資源エネルギー」「安全」「食」「科学技術」「その他」の10項目が挙げられている。「総合的な学習の時間」の事例集にも多く載っている項目であり，なじみが深いものである。

（2）地域や学校の特色に応じた課題では，「町づくり」「伝統文化」「地域経済」「防災」の4項目が挙げられている。地域を取り上げた場合，社会科の学習との差異を明らかにしておく必要があり，学校生活を取り上げた場合，特別活動の学習との差異を明らかにしておかねばならない。

（3）児童の興味・関心に基づく課題では，「キャリア」「ものづくり」「生命」の3項目が挙げられている。それぞれの興味・関心に基づいて課題を設定すると，子ども一人一人が多様なテーマを選ぶことが多いため，教師はテーマの把握をきちんと行っておく必要があり，個に応じた支援も強く求められる。

Q4 「観点」の内容は，どのようなものか

A 　評価の「観点」は，各教科の評価観点と同じく「知識・技能」「思考・判断・表現」「主体的に学習に取り組む態度」の3つから成っている。

総合的な学習の時間の評価の観点及びその趣旨は以下のとおりである。

〈「総合的な学習の時間」の評価の観点及びその趣旨〉

観点	知識・技能	思考・判断・表現	主体的に学習に取り組む態度
趣旨	探究的な学習の過程において，課題の解決に必要な知識や技能を身に付け，課題に関わる概念を形成し，探究的な学習のよさを理解している。	実社会や実生活の中から問いを見いだし，自分で課題を立て，情報を集め，整理・分析して，まとめ・表現している。	探究的な学習に主体的・協働的に取り組もうとしているとともに，互いのよさを生かしながら，積極的に社会に参画しようとしている。

各単元を構想する際には，評価観点の趣旨を理解し，学年の教師集団でしっかりと議論しておくことが肝要である。どのような学習材を用いるのか，どのように学習展開を行うのか，などといった基本的事項だけではなく，「総合的な学習の時間」でどのような学力を育てるのかといった原則的・大局的な考え方も相互確認しておく必要がある。

Q5 「評価」はどのように書けばよいか

A 「評価」は学習活動の内容に照らし，顕著な特徴が見られたことや，どのような力が身に付いたかについて記入する。基本的には，よかったところを中心に記入することになる。

(1) どんな努力をしたのか

(2) どのようにがんばったのか

(3) 創意工夫がどこに見られたのか

(4) 関心や意欲がどのように深まり，広がっていったのか

(5) 主体的に学習に取り組んだのか

上記について評価言を書けばよいだろう。たとえば，次のような記入例が挙げられる。

● 最初はテーマを自分で決められず，地域調査の活動には消極的であったが，教師の支援によって積極的に取り組んで調査するようになり，発表会では友達から高い評価を受けた。

● 地域の人へのインタビュー活動を通して，防災・減災についての先人の活動をまとめ，それを基に防災・減災のための安全な町づくりについて提言した。

他の具体例は，82〜92ページの記入例を参照されたい。

「総合的な学習の時間」の「評価」では，個人内評価のウエイトが高くなる点も留意したい。子どもの「伸び」「努力」「メタ認知（認知していることが分かること）」などを重点的に見ていこうとするものである。「総合的な学習の時間」では１つの学習活動が長期間にわたるので，興味や関心の変動，思考の展開，技能や判断力の獲得，コミュニケーション能力や課題探究力の深まりなどを，教師は継続して追い続ける必要がある。そして，一人一人の子どもにどのよう

な変容が見られたのか，個人内評価をしなければならない。

　「総合的な学習の時間」の「評価」資料の収集法としては，ポートフォリオ評価がある。ポートフォリオには子どもの興味・関心が反映され，時系列的な変化を通して，「学び」の成長を見取ることができる。ポートフォリオ評価が個人内評価に適していることも，その利用度を高めている要因である。ポートフォリオ評価の特徴については，第1章のQ3（19ページ）で解説しているので参照されたい。

　「総合的な学習の時間」の「評価」に，パフォーマンス評価を用いることは，前回の学習指導要領の改訂で重視されるようになった言語活動の充実という視点からも有益である。レポートやワークシート，作文，絵などの制作物や，一定の課題の中で身に付けた力を用いて行った言語活動の成果などを評価することが考えられる。

　評価カードや学習記録などによる子どもの自己評価や相互評価，教師や地域の人々等による他者評価の活用も有益となる。

Q6 「総合的な学習の時間」の「協働的な学び」とは何か

A　学習指導要領では，各教科での「協働的な学び」が重視されているが，「総合的な学習の時間」においても当てはまる。『学習指導要領解説　総合的な学習の時間』では，「協働的な学び」として，次の4つが挙げられている。

　①多様な情報を活用して協働的に学ぶ

　②異なる視点から考え協働的に学ぶ

　③力を合わせたり交流したりして協働的に学ぶ

　④主体的かつ協働的に学ぶ

　①では，子どもが様々な体験を行い，得た多様な情報を学級全体で話し合ったり，情報交換を行い，「学びの共有化」を行うことである。情報交換を行うことで，目的や課題が明確になったり，動機づけが高まったりする。

②では，収集した情報を比較したり，分類したり，関係付けたりすることで，子どもの理解と思考が深まる。

③では，一人でできないことも集団で行うとできるようになることや，地域の人々や専門家などとの交流で，社会参画の意識が目覚める。

④では，自力解決できないものであっても，協働することで解決可能になることを体得する。そして，協働することは，子ども一人一人の個性を尊重しつつ，主体性を発揮することが必要となる。

（藤岡秀樹）

【1.「学習活動」欄の記入例】

課　題	探究課題例	主な内容
横断的・総合的な課題（現代的な諸課題）	国際理解	●地域に暮らす外国人とその人たちが大切にしている文化や価値観
	情報	●情報化の進展とそれに伴う日常生活や社会の変化
	環境	●身近な自然環境とそこに起きている環境問題
	福祉	●身の回りの高齢者とその暮らしを支援する仕組みや人々
	健康	●毎日の健康な生活とストレスのある社会
	資源エネルギー	●自分たちの消費生活と資源やエネルギーの問題
	安全	●安心・安全な町づくりへの地域の取組と支援する人々
	食	●食をめぐる問題とそれに関わる地域の農業や生産者
	科学技術	●科学技術の進歩と自分たちの暮らしの変化
	その他	●人権や平和など，その他の課題
地域や学校の特色に応じた課題	町づくり	●町づくりや地域活性化のために取り組んでいる人々や組織
	伝統文化	●地域の伝統や文化とその継承に力を注ぐ人々
	地域経済	●商店街の再生に向けて努力する人々と地域社会
	防災	●防災のための安全な町づくりとその取組
児童の興味・関心に基づく課題	キャリア	●実社会で働く人々の姿と自己の将来
	ものづくり	●ものづくりの面白さや工夫と生活の発展
	生命	●生命現象の神秘や不思議さと，そのすばらしさ

＊各学校における単元名等を内容が分かるように端的に記入する。
＊文部科学省『小学校学習指導要領解説 総合的な学習の時間編』p. 77 を参考に作成。

【2.「観点」欄の記入例】

評価の観点	観点例	評価規準の内容例
知識・技能	探究的な学習を通して身に付けた知識	●○○（探究課題）についての概念を理解している。
		●課題に関する状況等を体系化・構造化して理解している。
		●他教科等で学んだ知識と関連させながら理解している。
	探究的な学習を通して身に付けた技能	●様々な場面や対象者等に応じて適切に情報収集する技能を身に付けている。
		●情報や状況等を適切な方法で整理分析する技能を身に付けている。
		●状況や考察等を分かりやすくまとめたり表現したりする技能を身に付けている。
	探究的な学習のよさの理解	●探究的な学習によって，学習対象に対する認識が高まっている。
		●探究的な学習によって，学習と実生活との関連を考えている。
		●探究的な学習によって，資質・能力の変容を自覚している。
思考・判断・表現	課題の設定	●身近な状況や実社会等から問題を見付け，課題を設定している。
		●問題の解決に向けたよりよい取組や解決の方法を考えている。
		●課題に取り組む手順や方法を考え，見通しや計画を立てている。
	情報の収集	●目的に応じた調査やICT活用等の多様な情報収集の仕方を考えている。
		●情報を効率的に収集するための手順や方法を考え，実行している。
		●収集した情報を取捨選択し，活用しやすく蓄積している。
	整理・分析	●蓄積した情報を分かりやすく集計したり，分類したりしている。
		●異なる情報の共通点や差異点を見付け，関係や傾向を分析している。

評価の観点	観点例	評価規準の内容例
思考・判断・表現	整理・分析	●事象を比較したり関連付けたりして，確かな理由や根拠を考えている。
	まとめ・表現	●学習や取組をまとめ，相手や目的に応じた表現方法を考えている。
		●まとめや意見等を効果的に表現したり，発信したりしている。
		●学習を振り返り，自己の成長を自覚し，学習や生活に生かそうとしている。
主体的に学習に取り組む態度	自己理解・他者理解	●自分の生活を見直し，自分の特徴やよさを理解しようとしている。
		●異なる意見や他者の考えを受け入れて尊重しようとしている。
		●学習を通した自己や友人の成長・変容に気付き，理解を深めている。
	主体性・協働性	●自分の意思で目標に向かって課題の解決に取り組んでいる。
		●自他のよさを生かしながら協力して問題の解決に取り組んでいる。
		●困難な課題の解決に粘り強く取り組んだり，別の方法を考えたりしている。
	将来展望・社会参画	●自己の生き方を考え，夢や希望を持ち続けようとしている。
		●自己の将来像を考え，よりよい生き方を求めようとしている。
		●実社会や実生活の問題の解決に，自分のこととして取り組もうとしている。

＊上記の観点例や評価規準の内容例を参考に，①総合的な学習の時間の目標を踏まえた観点，②教科との関連を明確にした観点，③各学校の目標や内容に基づき定めた観点を記入する。

＊国立教育政策研究所 教育課程研究センター『「指導と評価の一体化」のための学習評価に関する参考資料 小学校 総合的な学習の時間』pp. 43-45 を参考に作成。

【3.「評価」欄の記入文例】

〈中学年〉

観点		記入文例
1. 知識・技能		
知識		●情報収集する際のインターネット活用のモラルやマナー，適切な利用方法，著作権等を理解し，正しい情報の取扱い方を理解した。
		●自分たちの住む地域では自然が減っていることに気付き，市役所の緑化プランに頼るだけでなく，自分たちも自然を守ろうとする意見をまとめた。
		●町の調査活動から「ユニバーサルデザイン」という考え方を知り，その意味や機能をまとめ，ポスターを作成してその大切さを訴えた。
		●公共施設の建設方法等は歴史とともに進歩しており，自分たちの暮らしが便利になっていることに気付き，施設を利用する際に心がけることをまとめた。
		●地域の昔話に登場する地名について調べることで，地域の歴史についての知識を深め，町を大切にしている人や組織の働きに感銘を受けた。
		●自分たちの住む町の歴史を学ぶ中で，地域に尽くした人の努力に気付き，地域の文化や伝統に誇りをもつようになった。
		●地域の川で昔は魚がとれたことを知り，川を浄化しようとしている人々の活動で水質がよくなり，生物が戻ってきた取組と理科の学習とを結び付けながら考察した。
技能		●外国の文化や歴史を調べる際に，地域在住の外国人への聞き取りを行うなど，目的や相手に応じた工夫をした調査ができた。
		●新しい情報通信技術の進歩について資料にまとめる際に，出典を正しく明記するなど，著作権の大切さについて得た知識を生かすことができた。
		●高齢者へのインタビューをする際に，知りたいことを友達と一緒に整理し，相手の気持ちを考えて，質問したり確かめたりすることができた。
		●地域の安全ボランティアの人たちへの聞き取りでは，活動の内容と人々の思いや願いなど，インタビューした内容をきめ細かくメモすることができた。
		● NPO の人たちと一緒にバザーで販売する手作りおもちゃの材料費を安くするために，様々な案を比較して，最もよい方法を考えた。
		●地域の伝統文化について考えたことを発表する際，聞き手の低学年の子供たちに合わせて話し方や話す速さを工夫し，分かりやすく説明できた。
		●町の中にある防災設備を調査した結果をまとめる際，算数や社会科で学んだ知識を生かして，分かりやすい表やグラフと地図で表すことができた。

観点	記入文例
探究的な学習のよさの理解	●身近な食べ物の材料や生産地等を調べる活動から，探究的に課題解決を図るよさに気付き，自分たちの健康や食の安全性などについての考えを深めることができた。
	●社会科見学での疑問や考察から，資源やエネルギーの節約と消費生活の関係について探究的に学習し，ごみ減量の工夫やリサイクルの知恵として，ポスターを作り発信した。
	●食品添加物の学習をきっかけに，品質表示を確認するなど学んだことを生かす姿が見られるようになり，このことは探究的に学習してきた成果だと気付いた。
	●ユニセフや赤十字などが子供の生命と健康や世界の平和を目指して活動していることを知り，自分たちの身近な募金活動と関連させて，探究的に学んだよさを感じていた。
	●探究的な学習を通して実社会で働く人々の考えを知り，考えの異なる友達の意見も取り入れ，互いに歩み寄りながら意見を練り上げることの重要性に気付いた。
	●町の工場では，身近な生活の不便さをヒントにものづくりの工夫をしていることを知り，自分たちも探究的に学習することで課題解決ができることに気付いた。

2. 思考・判断・表現

観点	記入文例
課題の設定	●地域の川の環境問題から，「生き物が住む豊かな自然のある町づくり」という課題を設定し，調査方法の一つとして「ビオトープ作り」を提案し，活動することができた。
	●「健康な生活」をテーマに探究課題を設定し，「子供から高齢者までが手軽に取り組める体操を考える」という具体的なアイデアを出し，活動することができた。
	●地域のお祭りに興味をもち，そこから「地域の年中行事に親しもう」という課題を設定し，町会の方や行事の中心となって活動している方と一緒に取り組む計画をつくった。
	●町に古くからある施設や物を紹介するために，「郷土の紹介カルタを作って広める」という活動の見通しをもって課題設定をした。
	●「買い物難民」に関する報道から，高齢化する町の状況について考え，高齢者だけでなく，誰もが買い物をしやすい商店街に関する探究課題を設定することができた。

観点	記入文例
課題の設定	● 町の特徴を知るためにウェビングを基にして考え，複数の事柄を関連付けて，「○○のものづくりの面白さを広めよう」という課題を設定することができた。 ● 自然の素晴らしさを大切にしようという課題への取組で，身近な生き物に関心をもち，地域の博物館で活動しているボランティアの方にインタビューをする計画を立てた。
情報の収集	● 自分の町の曜日ごとのごみの量を調べるために，近所のごみ集積所を分担して写真をとり，2週間の調査結果をまとめることで，次の活動への意欲が高まった。 ● 「限りある資源を大切にしよう」という課題について，世代ごとの意識についてアンケートをとって集計するという見通しを立て，情報の収集をすることができた。 ● 「安全・安心な町づくり」について，町会長にアンケートの協力をお願いし，回覧板を使って行う情報を集める計画を立てて実践した。 ● 「町の伝統的な食生活を伝えよう」という課題で，保存会の人へのインタビューをビデオで録画し，多くの人に見てもらう計画を考え，実践することができた。 ● 「県内の名産品を紹介しよう」という課題で，好きな漬物について親戚に聞き取り調査をしたり，実物を入手して味比べをしたりして，様々な調査方法を工夫することができた。 ● 町の伝統工芸品の製作者への聞き取り調査を行い，記録した話をまとめて紙芝居をつくる計画を立て，完成させた。
整理・分析	● 日本と外国の生活の様子について，視点を決めて比較することによって，違いと共通点を明確にし，それぞれの特徴とよさなどを考えることができた。 ● 健康の大切さについて，「フィッシュボーン」などの「考えるための技法」を使いながら友達と話し合い，自分の考えをより深めることができた。 ● 科学技術の進歩と自分たちの暮らしの変化について，「20年後の生活」をテーマに友達と話し合い，それぞれが考えたよいところを整理・分類しながら考えを深めた。 ● みんなの人権を大切にするという視点から，学校や社会の様々なルールについて，「Yチャート」などの「考えるための技法」を使いながら整理した。 ● 商店街の宣伝について，ポスターやチラシ，のぼりなどを調べ，そのデザインに関心をもち，マークやキャラクターは地域の名前や特徴と関連付けて作られていることを整理した。

観点	記入文例
整理・分析	●森の自然や生き物の生命を守るための仕事をしている方の努力について，視点の異なるグループの意見も取り入れながら，「クラゲチャート」を用いてまとめることができた。
まとめ・表現	●外国から日本に働きに来た人たちの生活について話をうかがい，自分たちの町で楽しく暮らしやすく生活するための情報をまとめて，発表することができた。
	●パソコンソフトやスマホのアプリの利用について調べ，使用目的や使う頻度などの世代別の結果を表計算ソフトによって分かりやすくグラフにまとめた。
	●家庭の冷蔵庫にある食品の添加物について学級で調査し，種類や色，味に加えて健康への影響など多面的な視点で調べ，新聞にまとめた。
	●暮らしを便利にする製品について学年の全家庭にアンケートをとり，その結果を種類別，用途別などに分類してグラフ化し，分かりやすくまとめた。
	●自分の町のよさについて，「町自慢コマーシャル作り」によって表現し，低学年の子供たちでも分かるように劇化して表現し，伝える工夫が見られた。
	●町の防災について，消防団の方や避難所の物品を管理している方などに取材し，それらで分かったことを写真入りのポスターとして表現することができた。

3. 主体的に学習に取り組む態度

観点	記入文例
自己理解・他者理解	●外国からの留学生へのインタビューを通して，外国の文化や生活について知り，日本との違いなどについてスピーチにまとめることができた。
	●「車いす体験」の学習を通して，障害者や高齢者の立場に立って考えることができるようになった。
	●ゲストティーチャーから環境に優しいエネルギー消費についてうかがい，誰もが暮らしやすい町づくりへの思いや願いについて，共感を示しながら聞くことができた。
	●地域の食文化を守っている人たちとの交流を通して，積極的にあいさつしたり質問したりするようになった自分の成長に気付くことができた。
	●駅前の開発プランを考えるとき，自分たちの考えだけでなく，駅の利用者や買い物客の願いを取り入れようとする態度が見られた。
	●住みやすい町や安全な町づくりを目指して活動している人との出会いから，自分もこの町を大切にしていきたいという思いをもったことを学習後の感想で発表した。

観点	記入文例
主体性・協働性	●人権週間に自分たちが取り組む活動を紹介するポスターを作るとき，文字のフォントや大きさ，写真のレイアウトなど，情報の伝え方についてたくさんのアイデアを提案した。
	●健康の大切さについて調べたことから，低学年の子供たちが体力測定や健康診断を体験できるイベントを企画し，保護者にも体験してもらうコーナーを作る工夫を提案した。
	●地域安全マップ作りでは，調査地域の分担計画などを進んで作成し，友達と協力して調査をすることができた。
	●町の中心産業である自動車製造業の進歩について，市役所や会社の広報部に聞き取りに行く活動を進んで行うなど，主体的に学習する姿が見られた。
	●ものづくり体験教室で指導していただいた町工場の方を放課後に訪れ，積極的に親交を深めることができた。
	●学校周辺の自然を大切にする学習で，生命の神秘や不思議さなどに興味・関心を高め，様々な調査や観察に主体的に取り組んだ。
将来展望・社会参画	●ごみの分別回収について調査した活動から，学級のみんなに自宅のごみの分別やさらなる減量化を呼びかけ，実践することができた。
	●将来，手話を使って，あいさつや自己紹介がしたいという思いをもち，地域の手話サークルの練習に主体的に参加した結果，簡単な手話表現を覚えることができた。
	●地域に昔から伝わる踊りを体験し，一緒に踊る楽しさを味わったことで，自分たちの町の貴重な文化遺産を大切にしたいという思いをもつことができた。
	●地元の特産品について調べいくうちに，後継者不足が問題であることに気付き，後継者が増えるための提案を考えて，町のイベントで発表した。
	●地域の防災計画を調べたことをきっかけに，日ごろの防災意識の重要性に気付き，家庭でできる防災について自分の考えをまとめた。
	●海外青年協力隊の活動に興味をもち，将来は，自分も国際的な活動を通して人の役に立つ人間になりたいという思いをもった。

〈高学年〉

観点	記入文例
1.　知識・技能	
知識	●外国人に日本を紹介するガイドブックの作成を通して，日本と世界の伝統文化に関する知識を豊かにし，その違いと共通点をまとめた。
	●社会科で学習した地球温暖化問題と身近な地域の環境問題を結び付けて考え，環境保全の取組に共通する重要なポイントをまとめた。
	●地域の医療体制について調査し，病院を利用している高齢者の立場から切実感のある意見を聞き，病院には治療のみならず予防や健康を保持する取組も求められていることをまとめた。
	●地域の飲食店のメニューと家庭での食事の違いについて考え，地域の味のレシピ作りに取り組む中で郷土料理や特産品との関連にも興味を広げ，その特徴をまとめた。
	●地域の様々な人と出会う中で，町の人々はこの地域に愛着をもち，それぞれ自分のできることで地域に役立つことをしていることに気付いた。
	●地域の伝統的な秋祭りの「おはやし」に参加した経験から，地域に伝わる年中行事が自分たちの暮らしに根付いていることに気付き，自分もそれを大切にしたいという思いを深めた。
	●地域の農家が作っている農産物の種類や特徴などを整理してまとめ，農家の人が地域の農産物をブランドとして売り出していることに気付き，応援するポスターを制作した。
技能	● SDGs の視点から自分たちの生活を見直す課題の解決方法を考える際に，まとめ方や発信の仕方について，見通しをもって方法を選ぶことができた。
	●電気自動車の技術に関する本を図書館で探す際に，図書分類やコンピュータを使った検索方法等を司書の方から教えてもらい，素早く探すことができるようになった。
	●人権週間における地域の様々な取組について調べる際に，図書館の本やインターネットなど複数のメディアを活用し，自分に必要な情報を収集する技能が高まった。
	●地元の消防団の活動について調べた際，インターネット上の写真をそのまま載せず，使用許可をとってから利用するなど，著作権を意識して資料を作ることができた。
	●地元の企業で働く人々の考えを調べる際に，アンケート調査や E メールでの個別質問など，効率よく調べる計画を立てることができた。

観点	記入文例
技能	●地域でさかんな焼き物と社会科で学習したほかの地域の焼き物とを比べ，地域の製品の特徴やよさについて分かりやすく整理・分類した新聞をつくり，アピールした。
	●新型コロナウイルスのワクチン接種について，新聞やインターネットで集めた情報を比べ，製薬会社による製法や保存方法等の違いに気付き，それぞれの特徴をまとめた。
探究的な学習のよさの理解	●誰もが健康で長生きをして暮らすためにどのようにしたらよいかとの課題に対し，家庭科や保健の学習と関連付けながら，探究的に学習したよさに気付いた。
	●環境問題について学んだことをきっかけに節電や節水をはじめ自分たちにもできる生活の見直しを真剣に考え，振り返りでは，探究的に学んだ成果を書いていた。
	●安心・安全な町づくりは自分たちに直結した問題であると考え，子供たちでもできることを話し合い，取り組む中で，探究的に学習したことのよさに気付いた。
	●地域の農家の人と消費者の両方に調査をして結果を分析するなど探究的に学んだことにより，食品ロスを減らす自分たちの取組の方向性について自信を深めた。
	●人権に関する様々な課題の学習から，いじめや差別など自分たちの身近な生活の問題に対してどのように取り組むかなど，探究的な学習によって考えることができた。
	●探究的な学習過程を繰り返していく中で，地域をよりよくしたいという人々の思いや願いに共感し，自分もその一員として努力したいという自覚が深まった。

2. 思考・判断・表現

観点	記入文例
課題の設定	●地域の環境問題について，NPO団体や区役所の担当課などに聞き取り調査をする計画を立て，具体的な取組を考えることができた。
	●町の高齢者との交流から，誰もが安全に移動できる道路や交通に関する課題を設定し，聞き取り調査などを基に，自分たちのできる活動の計画を立てることができた。
	●科学技術の進歩について考える中で，ほかのグループの発表を参考にして自分たちの課題に新たな視点を加え，より身近な課題を設定することができた。
	●自分たちの町は，若者の人口が少なくなり高齢者が増えていることを知り，年代別にアンケートをとるという計画を立て，地域を活性化させる課題を設定した。

観点	記入文例
課題の設定	●昔から河川の氾濫が多かった地域であることを知り、その歴史や地理的要因、理科で学んだ流水実験などから、町の防災の取組に関する課題を設定した。
	●学校の近くの池に外来種の生物が増えてきていることを知り、地域の博物館の学芸員のアドバイスを基に、日本の固有種のメダカを守るという課題を設定した。
情報の収集	●日本のアニメが外国で人気があることを知り、海外に住む親戚に連絡をして現地のテレビ番組表や日本のアニメを紹介する雑誌などの資料を集め、クラスで発表できた。
	● SNS を使う人が増えていることについて、図書館のレファレンスを利用したり、インターネットで検索したりして多くの情報を集め、その状況をまとめることができた。
	●駅前に多くなった自転車の駐輪問題について、歩行者と自転車利用者の双方に調査を行い、自分たちなりの提案をつくり、商店会長に報告した。
	●食品ロスについて考える課題への取組で、自分たちの学校の給食の残菜調べから取り組むことを提案し、毎日欠かさず調査し、正確な記録を取ることができた。
	●市内の交通渋滞の問題について、バス停や駅で聞き取り調査を行うなど、積極的に情報を収集することができた。
	●地域で有名な和菓子店の見学を通して、伝統の味を継承することの大切さに気付き、地域で盛んな和菓子づくりについて、歴史や製法、販売の工夫などを調べる計画を立てた。
	●全校の家庭を対象に防災に関するアンケートを取り、それを基に人々の防災への備えの現状や足りない物は何かなどを考え、その後の取組の計画を考えることができた。
整理・分析	●身近な環境の調査をする際、測定機器の誤差について考え、複数回調査して平均をとるなど正しい結果を得るための方法を身に付けて情報の整理をすることができた。
	●バリアフリーの設備を調べたとき、それぞれの設備の機能について、「座標軸」などの「考えるための技法」を用いて分類し、まとめることができた。
	●様々な発電の方法について調べた情報を SDGs の視点から比較検討して、自分なりの考えをまとめることができた。
	●この10年間の科学技術の進歩について家庭の電化製品調べを通して考え、インターネットや書籍など複数の資料の情報を比べて、まとめることができた。

観点	記入文例
整理・分析	●町のスポーツ施設についてアンケート調査を行い，その結果を友達と「ピラミッドチャート」などの「考えるための技法」を用いて分類し，考察をまとめることができた。
	●様々な仕事の内容と働く人のやりがいについて，地域の店や会社などにアンケート調査を行い，地域の人からうかがった話を整理し，次の課題づくりにつなげることができた。
まとめ・表現	●地域の川の生き物調査を行い，どんな生き物がいるのか写真を撮ったり，顕微鏡を使って微生物を調べたりするなど，理科の学習を活用して丁寧に観察記録をとることができた。
	●町の福祉施設との交流会で出会った目の不自由な方へ，慣れない点字を使いながら，時間をかけて心のこもったカードを作成することができた。
	●花粉症や食物，動物など様々なアレルギーについて関心をもち，その原因や予防対策について分かりやすくまとめ，ときに命にも関わることを注意喚起するポスターを作成した。
	●「安心・安全な町づくり」を課題に取り組み，発表会では調査の結果や友達との議論によって自分の考えがどのように変わったかを丁寧に伝えることができた。
	●町の伝統的な祭りについて，祭りの主催者の人たちにインタビューしたり，対話をしたりしたことで，地域の人たちの伝統を守りたいという思いに共感したレポートをまとめ，発表した。
	●自分たちの市の特産品について調べ，より多くの人に「ものづくり」のすばらしさや楽しさを伝えようと，「私たちの町の『ものづくりマップ』」を作り上げた。

3. 主体的に学習に取り組む態度

自己理解・他者理解	●外国の食事の様子から食文化の違いに気付き，それらは気候や歴史，宗教など様々な要因によって生まれたものであることを理解することができた。
	●ゲストティーチャーの日常生活について話をうかがい，今まで障害のある方の生活に関心がなかった自分に気付き，誰もが幸せに生活できることの大切さを自覚するようになった。
	●校庭での稲作によって収穫から精米までの体験を行い，農家の思いや願いを感じ取り，これまで以上に食べ物を大切にしたいと発表するなど，食生活を見直すことができた。
	●地域の伝統芸能を体験して，そこに関わっている人の気持ちに共感するとともに，自分もその伝統やすばらしさを未来に伝えていくことができると考えた。

観点	記入文例
自己理解・他者理解	●ものづくりをしている人たちの工夫や努力についてうかがう中で，毎日の生活を整えることの大切さを知り，自分の生活を見直し，相手に敬意をもって接するようになった。 ●絶滅の危機にある生物を守ろうとしている人の話を聞いて，毎日の生活の中で，自分でできることはないか考えるなど，深い関心を寄せることができた。
主体性・協働性	● SDGs について学び，その大切さをまとめて発表するとき，参観者に声をかけながらパンフレットを配布する姿が見られた。 ●産業ロボットが私たちの身近な生活で使われ始めていることに気付き，その種類や価格などの情報を得るために友達と一緒に積極的に資料を集める姿が見られた。 ●地域の広報誌を作っている方との交流をきっかけに，自分の学級のよさを宣伝するミニコミ誌やホームページの制作に粘り強く取り組み，発行することができた。 ●地域の伝統芸能の調査をするとき，休日に友達と一緒に公民館へ練習の見学に行くなど意欲的な取組が見られた。 ●地元商店街の1年間のイベントを一覧にまとめ，それを紹介する「商店街カルタ作り」を発案し，リーダーシップを発揮してグループで協力して作り上げた。 ●伝統工業の歴史を調べるために，自ら博物館を訪れたり，製作者の話を聞きに行ったりして，「ものづくりガイドブック」を完成させるなど主体的・協働的に学ぶことができた。
将来展望・社会参画	●現在の市のごみ収集場は自分たちが大人になる頃に満杯になり，ごみを捨てられなくなるという話を聞いて，リユースやリサイクルのほか，生ごみ用コンポストの活用等を訴えた。 ●たばこや薬物の害について多くの人に知ってもらいたいと，家庭配布用のパンフレット作りを提案する姿が見られた。 ●地域の安全パトロールをしている方の話を聞いて，目立たない場所で人のために働いている人々への感謝の気持ちをもち，自分も将来は人のためにできることをしたいと考えた。 ●住みよい町づくりへの取組を通して，その重要性を発信する人の姿から，自分も地域の一員として関わっていきたいという将来像を真剣に考えていた。

観点	記入文例
将来展望・社会参画	●地域の避難所や防災の状況について市役所の防災担当課の人から話をうかがい，非常時に備えて家族で話し合っておくことや地域の避難所の場所について知っておくべきこと，市役所の人の役割などについて自分の考えをまとめた。 ●地域には様々なNPOがあり，それぞれの目的に応じて人々の役にたつ取組をしていることを知り，将来，自分もできることをしていきたいという思いをもった。

第8章

特別活動の記録

Q1 「特別活動の記録」欄の主な改訂点は何か

A 「特別活動の記録」欄は，2010年版指導要録では評価の観点が「集団活動や生活への関心・意欲・態度」「集団の一員としての思考・判断・実践」「集団活動や生活についての知識・理解」の3つであったが，今次の改訂では，教科学習の記録と同様に「知識・技能」「思考・判断・表現」「主体的に学習に取り組む態度」の3つに改められた。各学校が自ら定めた特別活動全体に関わる評価の観点を記入したうえで，各活動・学校行事ごとに，評価の観点に照らして十分満足できる活動の状況にあると判断される場合に，○印を記入することになっている。なお，後述するように「クラブ活動」は，第4学年以降で行うことになっているので，第1〜3学年では，斜線を記入することになる。

〈記入例〉

特　別　活　動　の　記　録								
内　容	観　点	学　年	1	2	3	4	5	6
学級活動	●集団活動や生活についての知識・技能		○	○	○	○	○	○
児童会活動	●集団や自己の生活についての思考・判断・表現						○	
クラブ活動	●主体的に生活や人間関係をよりよくしよう		/	/	/	○	○	○
学校行事	とする態度							○

93

評価の観点については学習指導要領等に示す特別活動の目標をふまえ，各学校において定める。その際，特別活動の特質や学校として重点化した内容をふまえ，育てようとする資質や能力などに即し，より具体的に定めることが望ましい。評価の観点及びその趣旨を下の表に示した。特別活動の目標は，「人間関係形成」「社会参画」「自己実現」の3つの視点が含まれている。

　「特別活動に関する事実及び所見」は，2010年版指導要録と同様に「総合所見及び指導上参考となる諸事項」に記入する。これは，子どもを総合的に評価するという考え方に立っているからである。

〈「特別活動」の評価の観点及びその趣旨〉

観点	知識・技能	思考・判断・表現	主体的に学習に取り組む態度
趣旨	多様な他者と協働する様々な集団活動の意義や，活動を行う上で必要となることについて理解している。 自己の生活の充実・向上や自分らしい生き方の実現に必要となることについて理解している。 よりよい生活を築くための話合い活動の進め方，合意形成の図り方などの技能を身に付けている。	所属する様々な集団や自己の生活の充実・向上のため，問題を発見し，解決方法について考え，話し合い，合意形成を図ったり，意思決定をしたりして実践している。	生活や社会，人間関係をよりよく築くために，自主的に自己の役割や責任を果たし，多様な他者と協働して実践しようとしている。 主体的に自己の生き方についての考えを深め，自己実現を図ろうとしている。

Q2 評価は，どのようにすればよいか

A　特別活動は，知・徳・体のバランスのとれた子どもを育成するために大切な活動である。集団生活への適応や良好な人間関係の構築，そして自己の生き方を考えさせることができたかを念頭において，指導内容と対応させて長期間にわたって評価することが求められる。特別活動の指導は，学校や学級，地

域の実態や子どもの発達段階に即したものにならなければならない。

　「特別活動の記録」欄の評価に際しての前提として，特別活動の各内容を学習指導要領で確認しておくことが大切である。今次の学習指導要領の改訂ではキャリア教育の重視，いじめの未然防止等を含めた生徒指導との関連を図り，ガイダンスとカウンセリングの指導を行うこと，異年齢集団の交流や障害のある子どもとの交流及び共同学習の充実などが示されている。各内容の記述は，次のようになっている。

1．学級活動

　学級活動の目標は，「学級や学校での生活をよりよくするための課題を見いだし，解決するために話し合い，合意形成し，役割を分担して協力して実践したり，学級での話合いを生かして自己の課題の解決及び将来の生き方を描くために意思決定して実践したりすることに，自主的，実践的に取り組むことを通して，第1の目標に掲げる資質・能力を育成することを目指す」となっている。

　内容は2学年ずつまとめて提示されている。共通事項としては，(1) (2) (3)の3つが挙げられている。

(1) 学級や学校における生活づくりへの参画
　　ア　学級や学校における生活上の諸問題の解決　イ　学級内の組織づくりや役割の自覚　ウ　学校における多様な集団の生活の向上
(2) 日常の生活や学習への適応と自己の成長及び健康安全
　　ア　基本的な生活習慣の形成　イ　よりよい人間関係の形成　ウ　心身ともに健康で安全な生活態度の形成　エ　食育の観点を踏まえた学校給食と望ましい食習慣の形成
(3) 一人一人のキャリア形成と自己実現
　　ア　現在や将来に希望や目標をもって生きる意欲や態度の形成　イ　社会参画意識の醸成や働くことの意義の理解　ウ　主体的な学習態度の形成と学校図書館等の活用

2. 児童会活動

児童会活動の目標は，「異年齢の児童同士で協力し，学校生活の充実と向上を図るための諸問題の解決に向けて，計画を立て役割を分担し，協力して運営することに自主的，実践的に取り組むことを通して，第1の目標に掲げる資質・能力を育成することを目指す」となっている。

内容として，次の3つが挙げられている。

> (1) 児童会の組織づくりと児童会活動の計画や運営
> (2) 異年齢集団による交流
> (3) 学校行事への協力

3. クラブ活動

クラブ活動の目標は，「異年齢の児童同士で協力し，共通の興味・関心を追求する集団活動の計画を立てて運営することに自主的，実践的に取り組むことを通して，個性の伸長を図りながら，第1の目標に掲げる資質・能力を育成することを目指す」となっている。

内容は，「主として第4学年以上の同好の児童をもって組織するクラブにおいて，次の各活動を通して，それぞれの活動の意義及び行動を行う上で必要となることについて理解し，主体的に考えて実践できるよう指導する」こととされ，次の3つが挙げられている。

> (1) クラブの組織づくりとクラブ活動の計画や運営
> (2) クラブを楽しむ活動
> (3) クラブの成果の発表

4. 学校行事

学校行事の目標は，「全校又は学年の児童で協力し，よりよい学校生活を築くための体験的な活動を通して，集団への所属感や連帯感を深め，公共の精

神を養いながら，第1の目標に掲げる資質・能力を育成することを目指す」と
なっている。

　内容は，「全ての学年において，全校又は学年を単位として，次の各行事に
おいて，学校生活に秩序と変化を与え，学校生活の充実と発展に資する体験的
な活動を行うことを通して，それぞれの学校行事の意義及び活動を行う上で必
要となることについて理解し，主体的に考えて実践できるよう指導する」こと
とされ，次の5つが挙げられている。なお，「総合的な学習の時間」における
学習活動により，特別活動の学校行事に掲げる各行事の実施と同様の成果が期
待できる場合においては，「総合的な学習の時間」における学習活動をもって
相当する特別活動の学校行事に掲げる各行事の実施に替えることができると，
学習指導要領には記されていることにも留意されたい。

---

(1) 儀式的行事：学校生活に有意義な変化や折り目を付け，厳粛で清新な
　　気分を味わい，新しい生活の展開への動機付けとなるようにすること。

(2) 文化的行事：平素の学習活動の成果を発表し，自己の向上の意欲を一
　　層高めたり，文化や芸術に親しんだりするようにすること。

(3) 健康安全・体育的行事：心身の健全な発達や健康の保持増進，事件や
　　事故，災害等から身を守る安全な行動や規律ある集団行動の体得，運
　　動に親しむ態度の育成，責任感や連帯感の涵養，体力の向上などに資
　　するようにすること。

(4) 遠足・集団宿泊的行事：自然の中での集団宿泊活動などの平素と異
　　なる生活環境にあって，見聞を広め，自然や文化などに親しむととも
　　に，よりよい人間関係を築くなどの集団生活の在り方や公衆道徳など
　　についての体験を積むことができるようにすること。

(5) 勤労生産・奉仕的行事：勤労の尊さや生産の喜びを体得するととも
　　に，ボランティア活動などの社会奉仕の精神を養う体験が得られるよ
　　うにすること。

「特別活動の記録」欄は，１年間に行われた各内容をリストアップし，その中で重要な事項を中心に，十分満足できるかどうか，３つの評価観点の趣旨に照らして評価することになる。絶対評価的な視点で評価することになるので，すべての内容に○印が付いてもかまわない。日常から補助簿を活用して，一人一人の子どもの活動の特徴などを書き込んでおくと，指導要録の記入には有効となる。

Q3 「総合所見及び指導上参考となる諸事項」は，どのように書けばよいか

A　「総合所見及び指導上参考となる諸事項」の記載は，スペースの関係上，多くのことを記入できないため，的を絞る必要がある。特別活動の「事実」に関しては，所属する係名や委員会名，クラブ名及び学校行事における役割分担などを記すことになる。「所見」に関しては，４つの内容の中で特に目立った事項や優れている点，学年の当初と学年末を比較して活動の状況に進歩が著しい場合には，その状況を簡潔に記入するとよいだろう。

　特別活動においては，子ども一人一人のよさや可能性を積極的に認めるようにするとともに，自ら学び自ら考える力や，自らを律しつつ他人とともに協調できる豊かな人間性や社会性など「生きる力」を育成する視点から評価することが大切である。活動の結果だけではなく，過程の評価も大切であり，集団の発達や変容についての状況も把握して，記入することが求められている。

（藤岡秀樹）

第9章

行動の記録

Q1 「行動の記録」欄の主な改訂点は何か

A 「行動の記録」欄は，2010年版指導要録と同一であり，10項目の内容を評価する。学年群（低学年・中学年・高学年）別の評価項目とその趣旨は，101・102ページの表に示しておこう。

　各教科，外国語活動，「総合的な学習の時間」，特別活動やその他学校生活全体にわたって認められる子どもの行動について，各項目ごとにその趣旨に照らして十分に満足できる状況にあると判断される場合に，○印を記入することになっている。なお，最下段の欄が空白になっているが，特に必要があれば各学校の教育目標に沿って項目を追加してもかまわない。

　〈記入例〉

行 動 の 記 録													
項　目＼学　年	1	2	3	4	5	6	項　目＼学　年	1	2	3	4	5	6
基本的な生活習慣	○	○	○	○	○	○	思いやり・協力		○		○		
健康・体力の向上				○		○	生命尊重・自然愛護			○	○		
自主・自律					○		勤労・奉仕					○	○
責任感					○	○	公正・公平						○
創意工夫				○			公共心・公徳心					○	○

Q2 評価は，どのようにすればよいか

A 指導要録で取り上げられている「行動」の概念は，各教科，外国語活動，「総合的な学習の時間」，特別活動やその他学校生活全体にわたっている点を確認しておく必要がある。

評価に際しては，1年間を通した学校における活動内容をリストアップし，その中で重要な事項を中心に，十分満足できるかどうか，趣旨に照らして評価することになる。絶対評価で評価することになるので，すべての内容に○印がついてもかまわない。日常から補助簿を活用して，一人一人の子どもの活動の特徴などを書き込んでおくと，指導要録の記入には有効となる。

評価項目及びその趣旨は，子どもの発達段階に対応させて，2学年まとめて記載されているので，担任をしている学年の趣旨を理解しておくことが肝要である。

Q3 「総合所見及び指導上参考となる諸事項」は，どのように書けばよいか

A 「総合所見及び指導上参考となる諸事項」の記載は，スペースの関係上，多くのことを記入できないため，的を絞る必要がある。

「所見」に関しては，全体的に捉えた子どもの特徴，その子ども個人として優れている点，学年の当初と学年末を比較して，行動の状況に進歩が著しい場合には，その状況を簡潔に記入するのがよいだろう。「指導上参考となる諸事項」に関しては，子どもの健康状況などで特に指導が必要となる事実を簡潔に記入するとよい。

「行動」の評価は，人間が人間を「評価」するという難しさがつきまとうため，思い込みや様々なバイアス，評価の歪み（たとえば，一部が優れて／劣っているのにもかかわらず，すべてが優れて／劣っていると認知してしまう「ハロー効

果」）が入り込みやすい。これらを防ぐためには，丁寧な児童理解が求められる。質問紙法やチェックリスト法の活用も考えたい。

　「総合所見及び指導上参考となる諸事項」は，子どものよい点や長所，進歩の状況を中心に記入する。短所や課題，問題点を記入する場合は，指導の経過もあわせて記入し，決めつけや憶測にならないように努める。指導要録を念頭において，プライバシーに配慮した記入をしなければならない。

（藤岡秀樹）

〈「行動」の評価項目及びその趣旨〉

項　目	学　年	趣　旨
基本的な生活習慣	第1学年及び第2学年	安全に気を付け，時間を守り，物を大切にし，気持ちのよいあいさつを行い，規則正しい生活をする。
	第3学年及び第4学年	安全に努め，物や時間を有効に使い，礼儀正しく節度のある生活をする。
	第5学年及び第6学年	自他の安全に努め，礼儀正しく行動し，節度を守り節制に心掛ける。
健康・体力の向上	第1学年及び第2学年	心身の健康に気を付け，進んで運動をし，元気に生活をする。
	第3学年及び第4学年	心身の健康に気を付け，運動をする習慣を身に付け，元気に生活をする。
	第5学年及び第6学年	心身の健康の保持増進と体力の向上に努め，元気に生活をする。
自主・自律	第1学年及び第2学年	よいと思うことは進んで行い，最後までがんばる。
	第3学年及び第4学年	自らの目標をもって進んで行い，最後までねばり強くやり通す。
	第5学年及び第6学年	夢や希望をもってより高い目標を立て，当面の課題に根気強く取り組み，努力する。
責任感	第1学年及び第2学年	自分でやらなければならないことは，しっかりと行う。
	第3学年及び第4学年	自分の言動に責任をもち，課せられた役割を誠意をもって行う。
	第5学年及び第6学年	自分の役割と責任を自覚し，信頼される行動をする。

項 目	学 年	趣 旨
創意工夫	第1学年及び第2学年	自分で進んで考え，工夫しながら取り組む。
	第3学年及び第4学年	自分でよく考え，課題意識をもって工夫し取り組む。
	第5学年及び第6学年	進んで新しい考えや方法を求め，工夫して生活をよりよくしようとする。
思いやり・協力	第1学年及び第2学年	身近にいる人々に温かい心で接し，親切にし，助け合う。
	第3学年及び第4学年	相手の気持ちや立場を理解して思いやり，仲よく助け合う。
	第5学年及び第6学年	思いやりと感謝の心をもち，異なる意見や立場を尊重し，力を合わせて集団生活の向上に努める。
生命尊重・自然愛護	第1学年及び第2学年	生きているものに優しく接し，自然に親しむ。
	第3学年及び第4学年	自他の生命を大切にし，生命や自然のすばらしさに感動する。
	第5学年及び第6学年	自他の生命を大切にし，自然を愛護する。
勤労・奉仕	第1学年及び第2学年	手伝いや仕事を進んで行う。
	第3学年及び第4学年	働くことの大切さを知り，進んで働くようにする。
	第5学年及び第6学年	働くことの意義を理解し，人や社会の役に立つことを考え，進んで仕事や奉仕活動をする。
公正・公平	第1学年及び第2学年	自分の好き嫌いや利害にとらわれないで行動する。
	第3学年及び第4学年	相手の立場に立って公正・公平に行動する。
	第5学年及び第6学年	だれに対しても差別をすることや偏見をもつことなく，正義を大切にし，公正・公平に行動する。
公共心・公徳心	第1学年及び第2学年	約束やきまりを守って生活し，みんなが使うものを大切にする。
	第3学年及び第4学年	約束や社会のきまりを守って公徳を大切にし，人に迷惑をかけないように心掛け，のびのびと生活する。
	第5学年及び第6学年	規則を尊重し，公徳を大切にするとともに，我が国や郷土の伝統と文化を大切にし，学校や人々の役に立つことを進んで行う。

第 10 章

総合所見及び指導上
参考となる諸事項

Q1 「総合所見及び指導上参考となる諸事項」の設置の趣旨は何か

A 2001 年版指導要録から,「総合所見及び指導上参考となる諸事項」が設けられた。それより前は,「各教科の学習の記録」「特別活動の記録」「行動の記録」の各項目に「所見」欄が,そして最後に「指導上参考となる諸事項」が設けられていたものが,「総合所見及び指導上参考となる諸事項」の 1 か所にまとめられた。

このことは,「所見」に関しては,分析的に子どもを評価するのではなく,総合的に評価することを意味している。細部の事柄だけに目を向けるのではなく,子どもを「まるごと」捉えることが求められている。今次の改訂でも,この考え方は継承されている。

Q2 「総合所見及び指導上参考となる諸事項」欄には何を記入するか

A 「総合所見及び指導上参考となる諸事項」欄に記入する事項は,次の 5 つがあるが,スペースには限りがあるので,5 つすべてを記入する必要はない。

①各教科や外国語活動，総合的な学習の時間の学習に関する所見

②特別活動に関する事実及び所見

③行動に関する所見

④児童の特徴・特技，学校内外におけるボランティア活動など社会奉仕体験活動，表彰を受けた行為や活動，学力について標準化された検査の結果等指導上参考となる諸事項

⑤児童の成長の状況に関わる総合的な所見

2010年版指導要録と基本的に同一であるが，①には新設された「特別の教科　道徳」の「所見」が含まれている。

記入に際して留意しなければならない点は，次の通りである。

④では，子どもの特徴・特技や，学校外の活動等については，今後の学習指導等を進めていくうえで必要な情報に精選して記述することになっている。その際，子どもの優れている点や長所，進歩の状況などを取り上げるように留意する。ただし，子どもの努力を要する点などについても，その後の指導（上級学年や上級学校）において特に配慮を要するものがあれば記入する。その際は，子どもの人権やプライバシーを配慮した記述が求められる。

学級・学年などの集団の中での相対的な位置づけに関する情報（たとえば，④の事項での学力偏差値や知能指数（IQ）・知能偏差値等），必要に応じ，記入する。

障害のある子どもや日本語の習得に困難のある子どものうち，通級による指導を受けている子どもについては，通級による指導を受けた学校名，通級による指導の授業時数，指導期間，指導の内容や結果等を記入する。また，合理的配慮を実施した場合，その概要も簡潔に明記する。

Q3 特別な支援が必要な子どもの「所見」は，どのように書けばよいか

A 通級による指導の対象となっていない特別な支援が必要な子どもの場合については，必要に応じ，効果があったと考えられる指導方法や配慮事項を記

入する。たとえば，読み書きの障害（ディスレキシア）の疑いがある子ども（特別支援教育に熟知している心理士や教師であっても，子どもの障害を特定してはいけない。医師の確定診断がなければ，あくまでも「疑い」のレベルである）の場合，「算数の文章題の漢字にルビを振ることによって，立式できるようになった」「ワークシートの記入欄にマス目を用いることによって，均整の取れた字をまっすぐに書くことができるようになった」などと記入する（第 12 章を参照）。

Q4 「①各教科や外国語活動，総合的な学習の時間の学習に関する所見」は，どのように書けばよいか

A 　「総合所見及び指導上参考となる諸事項」のスペースには限りがあり，学習内容をすべて列挙することはできない。1 年間を通して，大きな変化があったり，努力が見られたりしたことを中心に精選して記入すればよいだろう。個人内評価の視点で記入することが大切である。

　「各教科の学習に関する所見」では，次のような事項を記入する。

(1) 優れている点

(2) 学習に対する意欲や関心などの情意的側面

(3) 学年の当初と学年末を比べて，学習の進歩が著しい教科がある場合，その進歩の状況について

(4) 学習支援のための特別の措置（合理的配慮）を取った場合，その支援内容について

　「特別の教科　道徳」や「外国語活動の学習に関する所見」では，各々の欄に書ききれなかった事柄を簡潔に記入すればよいだろう。たとえば，活動において目立った点や優れている点，興味や関心の深まりなど，「各教科の学習に関する所見」と同様に個人内評価を中心に記入する（第 5，6 章も参照）。

　「総合的な学習の時間の学習に関する所見」では，「総合的な学習の時間の記録」に記入した内容と重複しないように気をつける必要がある。書ききれなかった事柄で，重要な事柄を中心に記入することになる。教科発展型の「総合

的な学習の時間」を実施した場合は，教科との関わり（教科と「総合的な学習の時間」の相互環流*の状況，教科学習へどのような力が反映されるようになったか＝学習の転移や深化）も記入するとよいだろう。習得－活用－探究の学習サイクルで「総合的な学習の時間」を捉えると，「探究」型学習が中心となるが，「習得」や「活用」との関連を意識して指導し，その結果を指導要録に記入すると「総合所見」にふさわしいものとなるだろう（第7章も参照のこと）。

  ＊たとえば，国語で環境問題を扱った文章を学んだあと，「総合的な学習の時間」で川や池の汚染を
  調べる体験学習を行うことが挙げられる。

Q5 「②特別活動に関する事実及び所見」は，どのように書けばよいか

A 　第8章で評価の仕方について，詳しく解説したので，ここでは簡潔に記しておきたい。記載欄のスペースが限られているため，的を絞って簡潔に記入することが大切である。子どもの成長の全体像を捉えるように記入すればよいだろう。

　まず，所属する係名や委員会名，学校行事における役割分担などの活動の事実を記入する。そして，特別活動を通して，子ども個人として優れている点や，当該学年の当初と学年末を比較して，活動の状況に著しい進歩が見られる場合，その特徴を「所見」として記入すればよいだろう。記載のためには，補助簿を活用することが有益である。

Q6 「③行動に関する所見」は，どのように書けばよいか

A 　第9章で評価の仕方について，詳しく解説したので，ここでは簡潔に記しておきたい。記載欄のスペースが限られているため，的を絞って簡潔に記入することが大切である。

　「行動に関する所見」は，「生きる力」の育成状況や子どもの成長の全体像が

捉えられるように記入すればよいだろう。各教科，総合的な学習の時間，外国語活動，特別活動，その他学校生活全体にわたって認められる子どもの行動について，長所を中心に据えた記入が求められる。当該学年の当初と学年末を比較して，活動の状況に著しい進歩が見られる場合，その特徴を「所見」として記入すればよい。

Q7　「④児童の特徴・特技，学校内外におけるボランティア活動など社会奉仕体験活動，表彰を受けた行為や活動，学力について標準化された検査の結果等指導上参考となる諸事項」は，どのように書けばよいか

A　内容はきわめて多岐にわたっているので，その中から精選して記入することが必要である。精選にあたってのポイントは，今後の指導に役立つこと，子どもの成長の変化を見取ることができること，努力した跡が見られることなどが挙げられる。1つの事項の記入は1〜2行程度になるように，簡潔に表記する必要があるので，記入例を参照して工夫していただきたい。

　子どもの特徴・特技については，日ごろから子どもをよく理解するように心がけていなければならない。子どもの特徴は，その子の「よさ」や個性的な側面を中心に記入するのがよい。子どもの特技は，学習場面では表に出てこないことが多いため，子どもとの対話や遊びなどを通して，把握するとよいだろう。さらに，親しい友達から聞き取ると，有益な情報を得ることができる場合がある。

　学校内外における奉仕活動については，校外の活動内容は把握しづらい側面があるので，子どもや保護者への聞き取りを行うことをお勧めしたい。

　標準化された心理検査を実施する際は，信頼性や妥当性の高い検査を活用し，実施手引に従って実施することが大切である。特に，学力検査や知能検査は，午前中の2時間目か3時間目に行うことや，身体を動かす実技教科の後には行わないこと，子ども一人一人の受検状況（体調や受検態度）を把握してお

くことなどが留意点である。学力検査では学力偏差値を，知能検査では知能
偏差値もしくは知能指数（IQ），必要に応じて知能のタイプ（例：言語性知能優
位タイプ，非言語性知能優位タイプ）を，そして学力検査と知能検査の両者を実
施した場合は，成就値（アンダーアチーバーやオーバーアチーバーを判定するため
の値）も記入しておくと役に立つ。認知能力検査（KABC-Ⅱ，DN-CASなど）で
は，認知能力のタイプやプロフィール概要などを，性格検査では，性格類型や
プロフィール概要などを記入する。さらに，キャリア教育における学習活動の
内容も，簡潔に記入することをお勧めしたい。

Q8 「⑤児童の成長の状況に関わる総合的な所見」は，どのように書けばよいか

A 子どもの1年間を通した「育ち」を具体的に記入すればよいだろう。た
とえば，身体的発達や運動能力の発達，パーソナリティの発達などを，変容の
過程が分かるように簡潔に記入することになる。

指導要録で取り上げる「成長」とは，次のようなことである。

(1) 理解・能力に関するもの

(2) 情緒，感情，意志などの情緒的領域に関するもの

(3) 行為・行動に関するもの

(4) 集団・社会に関わる態度に関するもの

(5) 体力・健康に関するもの

(6) 総合的な成長

健康状況や，その他指導上特に留意しなければならない子ども（たとえば，
喘息や虚弱体質，アレルギー，てんかんなど）の場合は，そのことを記入する。
服薬している薬品名も必要に応じて記入する。

多岐にわたる「成長」を把握するためには，学習活動だけではなく，様々な
場面での子どもの姿をよく観察し，理解しておかなければならない。

（藤岡秀樹）

【「総合所見及び指導上参考となる諸事項」欄の記入上の留意点】
「① 各教科や外国語活動，総合的な学習の時間の学習に関する所見」について

> ●音読は進歩し，物語の音読では，場面や人物の様子が分かるように工夫して読んでいた。

➡「音読は」と書くと，ほかの学習が進歩していないという意味が強調される。「音読が」と書くほうがよい。同様に，「〜では」「〜には」などにも注意し，「〜で」「〜に」と比べてどちらが適するかを考える。

> ●計算の技能がとても優れていて，正しく速くできる。

➡「とても」は本来「とても〜できない」のように使う言葉である。今は例文のようにも使うが，本来の使い方を大事にしたい。「たいへん」「十分」などが無難。また，「優れている」は「他人や一般より勝っている」という相対評価の意味が強いので，使い方には気をつけたい。個人内の長所を表すときは，「優れる」だけでなく，「身に付く」「育つ」「(学習状況) がよい」なども使うとよいだろう。

> ●手先が器用できちょうめんなため，「総合的な学習の時間」で調べたことを立派に絵や地図に表現した。

➡「手先が器用」「きちょうめん」は個性的な特徴で，学習の成果とはいえない。「児童の特徴・特技」として捉える。また，「立派に」は主観的な見方である。評価の観点や規準に即した表現にするほうがよい。

> ●思考を要する教科よりも，体育や図画工作のような体を動かす教科の学力が高い。

➡個人内評価として，どの教科の学習状況がよいかを表した文だが，教科について配慮が欠けている。思考はどの教科にもある。また，子どもがいかにも思考する学習に向かないように受け取られる。教科名だけを示せばすむ。

「② 特別活動に関する事実及び所見」について

> ●話合いで，積極的に発言し，自分の意見をはっきりと言っていた。

➡積極的に発言しても，内容が自己中心的だったり思いつきだったりする場合がある。学級生活の向上や諸問題の解決にみんなと協力しようと話し合う態度や，その後の活動を踏まえた所見にする。「話合いで，みんなが実行しやすいように考えた意見を言い，決まったことを進んで実行した」のような所見がよい。

> ●くつ箱係として，毎日忘れずにくつ箱の中をきれいにしていた。

➡くつ箱の整理は一人一人が行う事柄で，きれいにする仕事が係に適するか否かに問題がある。係は，みんなの生活が向上するために工夫して役割を果たすことが大切である。くつ箱係を所見に書くならば，みんながくつ箱をきれいに使うために，子どもがどう活動したかを所見の内容にする。

> ●ゲームや遊びをたくさん知っていて，集会委員会でいろいろなゲームの案を出したり，みんなに遊んでもらったりして好評だった。

➡個性を生かして役割を果たしたことになる。それはよいのだが，委員会活動の趣旨からいえば，集会の目的や相手の学年などを考えて実践した活動の事実を捉えたい。「好評」よりも「成就感がもてた」ことが大事だ。

> ●運動会で，がんばって練習した成果が表れ，100メートル走で1等になった。

➡運動会は，個人が1等になることが目的ではない。短距離走なら，走る活動に親しみ，安全や規律ある行動などを育てることが目標である。そういう面がどう育ったかを書くほうがよい。

「③ 行動に関する所見」について

> ● 身の回りの整理整頓がよくでき，机やロッカーの中がいつも整理して
> ある。

➡ 低学年の基本的生活習慣を観点にしている。内容も適切である。しか
し，細かい言葉遣いだが，「〜いつも整理してある」というと，整理した
結果を教師が点検していた意味になる。「〜いつも整理している」と書く
と，子どもの行動を観察したことになるから，こちらのほうがよい。

> ● 責任感があり，仕事や学習での責任をよく果たした。

➡ 「責任感」は行動の評価の観点であるが，「責任感」があるかないかという
ことではない。学年を通して責任感を観点とするどんな面がどう育ったか
を記入する。「話合いなどで発言した内容について，実際の行動や事実の
裏づけがあった」「自分の役割を誠実に最後まで果たそうとしていた」のよ
うに書くとよい。

> ● 人の世話をするのが好きな性格で，友達が多い。

➡ 素質と考えられる事柄は，行動の所見に適さない。子どもの特徴であ
る。また，「性格」はそれを判断するための検査があるほど難しい。所見
の対象にする「行動」は，教育によって変容する心の発達や価値判断に基
づく実践，実行である。

> ● ○○さんや△△さんをいじめることがあったので，だれとでも仲良く
> するように指導をし，人の心を傷つける行動が減った。

➡ いじめ，けんかなどに限らず，基本的に子どもの個人名は出さない。ま
た，子どもが「いじめ」を行ったと断定するには，その根拠や保護者の理
解の裏づけが必要である。子どもの人権やプライバシーに配慮した記入が
求められることを心しておきたい。

「④ 児童の特徴・特技，学校内外におけるボランティア活動など社会奉仕体験活動，表彰を受けた行為や活動，学力について標準化された検査の結果等指導上参考となる諸事項」について

> ●肥満型だが背が高く，体力がある。

⮕ 子どもの特徴として取り上げるのは，伸ばすべき個性として，個人内の優れた面である。体型などの事柄を書くことは適当でない。健康上の指導を要する肥満であれば，「指導上参考となる諸事項」として取り上げる。

> ●父親が建築業であるため，箱や置物などを作るのが上手で，工作や家庭科の作品を見事に作った。

⮕ 「父親が建築業であるため」は書くべきことではない。保護者の職業，学歴などはプライバシーに関わることである。さらに，子どもの特徴を保護者のプライバシーと関係付けるのは，書き手の独断である。また，「上手」や「見事」は主観的，感情的な判断を表す言葉である。「豊かな発想を表現できる」「役立つことを考えて」など観点を明確に示したほうがよい。

> ●家族の一員として，食事のあとかたづけや自分の部屋の掃除を続けている。

⮕ 低学年の「奉仕的な活動」として書かれることがあるが，これは生活科の学習内容と見るべきである。学校外の奉仕的な活動としては，「地域の公園の清掃活動に毎回参加していた」「家の前の道路をきれいにしていた」などと記入する。

> ●女の子らしくやさしいところがあって，だれにでも親切である。

⮕ 「女（の子）らしい」は，性差別につながるので，この言葉は不必要である。「男らしい」も同様に考える。そのほか，人権を侵す言葉かどうかについて，適切に判断することが必要である。

「⑤ 児童の成長の状況に関わる総合的な所見」について

> ● 身長がかなり伸び，体格もがっしりしてきた。

➲この項目でいう「成長」は，自然に育っていく身体的な成長ではない。子どもの心身が，生活経験や意図的な働きかけによって「発達課題」を達成していく成長である。体格などの内容を捉えるならば，「自分の身体に対する健全な態度の形成」という観点で捉える。そうすれば「運動していっそう体を丈夫にしようという気持ちが育ってきた」のような所見になるだろう。

> ● 遊び相手が少なかったので，だれとでも仲良くするように励ましたりグループ活動を多くしたりした結果，休み時間に5，6人の友達といっしょに遊んでいた。

➲適切な仲間関係や社会性の発達課題を，どうクリアしたのかという事柄である。「〜遊んでいた」よりも「遊ぶまでに成長した」と書くほうが，発達課題を通り，連続的に成長した意味がはっきり表れる。

> ● 計算や文字の能力の伸びが顕著で，2年で学習する計算やカタカナ，漢字の学習に意欲的に取り組み，その面の成績が上がった。

➲ここでは3つの問題点を指摘しておこう。①計算，文字は基礎的な理解，技能である。「計算と文字の理解や技能の〜」とするほうがよい。②「片仮名」は外来語や擬声語ではないから，仮名書きは「かたかな」と書く。片仮名は特別に印象づけたい言い方や学術用語にも使うが，所見では辞典の表記に従うほうがよい。③「成績が上がった」という表現は，「相対評価での順位が上がった」という意味で使われてきた言葉なので，目標に準拠した評価に基づく個人内評価の所見としては，「（達成状況）がよい」「〜できた」のように書くとよい。

【①各教科や外国語活動，総合的な学習の時間の学習に関する所見】

学年	記入文例
	**1. 学習全体に見られる個人の特徴に関すること（個人として優れている点など）**
学年共通	●どの教科に対しても学んだことを振り返りながら，進んで学習に取り組もうとしていた。
	●各教科とも知識や技能の面で優れた資質・能力が見られた。
	●問題解決的な学習で，自分の考えを的確にまとめて分かりやすく発表するなど，表現力が優れている。
	●学習全般にわたり，自分で問題を見付け，解決しようとする思考力・判断力・表現力が向上した。
	●観察したり調べたりする活動で，丁寧に粘り強く学習に取り組んでいた。
	●自分の考えや根拠を明らかにしたノートをつくるなど，常に問題について考える過程で，楽しさを感じながら表現する姿が見られた。
	●ワークシートや作品を整理して自分の学習を振り返り，向上しようと努力していた。
	●どの教科の学習や活動にも進んで取り組み，知識と技能の目標をそれぞれ達成した。
	●自分の考えを筋道を立てて話し，相手や目的に応じた適切な言葉遣いができた。
	●友達の意見のよさから学び，深く考えた内容が，学習中の発言に多く見られた。
1・2年	●主体的に学習に取り組む態度がいろいろな場面で見られ，生き生きと活動していた。
	●ノートを丁寧に扱い，文字を整えて書くように心がけていた。
	●読書を好み，絵本だけではなく，様々な本に親しんでいた。
	●日記や手紙など，思ったことや伝えたいことを素直に書くことができた。
	●身近な自然や生活など，学習する対象について気付く力が優れている。
	●身近なことや経験したことを進んで話したり，大事なことを落とさずに聞いたりすることができた。

学年	記入文例
1・2年	●熱心に文字の読み書きや計算，運動遊びなど，育てたい資質・能力の技能の習得に取り組み，めあてを達成した。
	●丁寧な言葉と普通の言葉の違いに気付き，丁寧な言葉で話そうと心がけていた。
	●歌唱の学習に主体的に取り組み，歌詞を想像しながらどのように歌うかについて思いをもち，歌うことができた。
	●絵をかく活動が好きで，かきたいものの色や形をどのように表すか考えながら，楽しく取り組んだ。
3・4年	●進んで問題や疑問を発見するなど，主体的に学習に取り組む態度が育っていた。
	●グループの学習で，友達と協力して学習しようとする態度が育った。
	●漢字の字形や書いた文章の読み返し，計算の確かめなど，常に正確に取り組もうと努力していた。
	●国語科で身に付けた理由や事例を挙げながら話す力を，他教科・領域等の発表で生かすことができた。
	●相手を意識して丁寧な言葉を使って手紙を書くことができた。
	●声の抑揚や強弱，間の取り方などを工夫して，聞き手に分かりやすく話すことができた。
	●数についての関心が強く，社会科や理科の学習でも事柄を数量的に捉え，表やグラフを活用して的確に表すことができた。
	●ノートを箇条書きにしたり絵を入れたりして工夫し，分かりやすくまとめて書くことができた。
	●植物の栽培・観察を主体的に継続して行い，分かったことを工夫してまとめることができた。
	●地図や写真を基に地域の様子を捉え，箇条書きにしたり絵を入れたりし，ノートに分かりやすくまとめることができた。
	●マット運動の回転系や巧技系の技や鉄棒運動の支持系の技で課題をもって熱心に練習し，技能を向上させることができた。
5・6年	●自ら課題を見付け，学びを振り返りながら解決しようとするなど，主体的に学習に取り組もうとする姿が見られた。
	●各教科や「総合的な学習の時間」の学習で，問題の解決に粘り強く取り組んでいた。

学年	記入文例
5・6年	●社会科の環境問題や家庭科の衣食住についての理解を生かし，日常生活を工夫しようと努めていた。
	●友達と互いに良いところを認め，考えを深めるなど，対話を通して学びを高めることができた。
	●数学的な思考力・表現力に優れ，図や言葉を使って式の意味を説明し，問題解決することができた。
	●どの問題に対しても一つの方法で解けた後もほかの方法を考え，いく通りものやり方で解決しようとする姿勢が見られた。
	●進んで身の回りから自分で調査してみたいテーマを決め，データを集めて適切なグラフに表し，結論について考察する姿勢が身に付いている。
	●学習全体を通して自分の考えを根拠や理由をはっきりさせて，分かりやすく説明することができるなど，思考力，表現力が向上した。
	●学校図書館やインターネット等を活用して必要な資料を選び，学習課題にふさわしい調べ方やまとめ方をする技能が身に付いている。
	●コンピュータの操作に優れ，情報の収集や発信，学習のまとめに活用していた。

学年	教科	記入文例
2. 各教科の状況に関すること		
1・2年	国語	●話す相手との距離に応じた声の大きさや，内容に適した話す速度などに注意して，話し方を工夫することができた。
		●話し手が知らせたいことや自分が聞きたいことを落とさずに聞き，分からないことを尋ねたり，感想を述べたりすることができた。
		●文章の内容と自分の経験とを結び付けて，自分の思いや考えを発表できるようになった。
		●自分の考えがはっきりするように，事柄の順序を考えて書くことができた。
		●書いた文章を読み直す習慣が身に付き，読み返して誤りを直すように心がけていた。
		●登場人物の行動を想像しながら読み，動作を加えて音読劇を演じることができた。
		●会話文におけるかぎかっこの使い方を理解し，文章の中で正しく使うことができた。

学年	教 科	記入文例
1・2年	算 数	●合併や増加，求残や求差だけでなく，順序数や異種などの場面についても，加法や減法の式に表して解けることを理解し，正しく計算することができた。
		●折り紙やロープなどの具体物を使って，2分の1，4分の1，8分の1の大きさをつくる活動を通して，分数の意味を理解した。
		●身の回りにあるものの長さに関心をもち，量感を基に見当をつけてから測定することができた。
		●乗法の意味を十分に理解し，身近な事象を的確に式で表現することができるなど，「数学的な考え方」が優れている。
		●長さ，広さ，かさについて，媒介物を用いて間接的に比べたり，身の回りにあるものの大きさを単位としてそのいくつ分かで数値化して測定したりして表すことができた。
		●簡単な数のグラフをかいたり，生活の中にある表やグラフを見て，そのグラフの特徴をつかんだりすることができる。
		●具体的な個数を数えるのに数を用いるよさに気付いたり，数のまとまりをつくって数えたりするなど，算数で学習したことを自ら生かす姿が見られた。
	生 活	●家族の一員としての自覚が高まり，食事の後片付けや掃除など，自分にできる仕事を理解して楽しく実行できた。
		●身近な自然を利用したり，身近にある物を使ったりして，意欲的に様々なおもちゃ作りや遊びを工夫することができた。
		●動物を飼ったり植物を育てたりすることで，生命や成長についての気付きを深めていた。
		●町探検の学習で，何がどこにあるかなど町の様子を理解し，地域への親しみを深め，よさに気付くことができた。
		●自分の身体的，内面的な成長を感じとるとともに，自分を振り返りがんばったことや周りの人のおかげでできるようになったことにも気付き，自信を深めていた。
	音 楽	●曲の雰囲気を楽しみ，歌詞を表す気持ちを想像して歌うことができた。
		●鍵盤ハーモニカを粘り強く練習し，音色に気を付けて演奏することができた。
	図画工作	●折り紙を折って切り飾りをつくる活動で，折り方や切り方をいろいろ試し，楽しく活動できた。

学年	教 科	記入文例
1・2年	図画工作	●身近な材料を使ってつくる活動で，飾りや貼り方などを工夫し，表したいことを基に自分らしい作品をつくった。
	体 育	●マットを使っていろいろな転がり方を工夫するなど，向上しようとする意欲が高い。
		●ボールゲームや鬼遊びなどを通じて，ルールや順番を守って友達と仲良く運動することができるようになった。
3・4年	国 語	●必要なことのメモをとったり，分からないことを質問したりしながら話を聞き，話の中心に関する自分の考えをもつことができた。
		●話合い活動の司会を務め，意見の共通点や相違点を整理して話合いを進めることができた。
		●自分の考えが明確になるように，段落と段落との続き方を考えて文章を書くなど，「書く能力」が伸びた。
		●相手や目的を意識して，題材を設定し，情報を収集して文章を書くことができた。
		●考えとその事例，理由などの段落相互の関係に着目しながら文章を読み，自分の考えをもつことができた。
		●短歌や俳句に興味をもち，情景を思い浮かべたりリズムを感じ取ったりしながら，音読や暗唱を楽しむことができた。
		●国語辞典の使い方について理解が進み，文章の読み書きの場面で活用することができた。
	社 会	●自分たちの住んでいる町の様子に関心をもち，意欲的に調べ，白地図にまとめることができた。
		●商店で働く人の仕事の工夫を捉え，調べた工夫と消費者の願いを関連付けて考えることができた。
		●地域の安全を守る仕事に従事している人々の活動と自分の暮らしとを結び付けて，考えを深めることができた。
		●市の様子の移り変わりについて，課題を明確にして資料館を見学し，追究することができた。
		●浄水場の見学後，さらに知りたいことを図書館で調べたり，副読本で確認したりしながら，進んで課題解決に向けて努力した。
		●過去の自然災害の被害の様子について，市の資料を効果的に活用して調べ，自分たちがどのような備えをすればよいかについて考えをまとめた。

学年	教　科	記入文例
3・4年	社　会	●先人の働きについて分かったことを，絵や年表を使ってまとめ，自分の考えを説明できた。
	算　数	●角や二等辺三角形，正三角形について理解し，コンパス等を使って正確に作図することができた。
		●乗法や除法の意味と計算方法の理解を基に，問題場面を正しく式に表し説明するといった，「数学的な考え方」が優れている。
		●正方形や長方形の面積で，小さい正方形が規則正しく並んでいることに着目し，個数を手際よく求めるためにかけ算の計算を用いて面積を求めることができた。
		●資料の集計にあたって，落ちや重なりの誤りが起きにくいように，数えたデータに色や印をつける工夫などを考え，表に整理することができた。
		●概数や四捨五入の意味を理解し，日常の場面で目的に応じて使うことができるようになった。
		●分数を用いると，端数部分の大きさや等分してできる部分の大きさなどを表せるよさに気付くことができた。
		●折れ線グラフの学習を生かし，変化の様子を折れ線グラフに表したり，日常生活に出てくる折れ線グラフから伴って変わる二つの数量の変化の特徴を読み取ったりすることができた。
	理　科	●磁石の極の性質や働きを調べる実験を意欲的に行い，そこで確かめたことの知識や実験で学んだ技能が確実に身に付いている。
		●昆虫の活動の様子を季節ごとに粘り強く観察し，記録できた。「昆虫は種類で姿かたちは違うが，足の数や体のつくりは同じ」と考察し，分かりやすく発表できた。
		●植物の育ち方についての問題を見いだし，意欲的に観察・記録していた。育つ様子や育った植物の体について多くの発見をして問題を解決した。
		●日光と暖かさとの関係について調べ，その結果を分かりやすくまとめるなど，事象を比較して考える力が向上した。
		●加熱器具や検流計など，実験器具を安全に適切に扱う技能が向上し，正確に結果を出すことができた。
		●電池とモーターをつないだ自動車を作る活動を通して，電気の働きとつなぎ方の関係について疑問から問題をつくり，解決するなど，問題解決の力が向上した。

学年	教　科	記入文例
3・4年	理　科	●月や星の観察に意欲的に取り組み，月や星の位置の変化や明るさの違いなどを正確に記録することができた。
	音　楽	●楽器を演奏する学習に主体的に取り組み，リコーダーや打楽器の演奏では，曲の特徴を捉えた表現を工夫することができた。
		●リズムアンサンブルづくりでは，同じパートの友達と協働しながら学習に取り組み，楽器の特徴を生かして，まとまりのある音楽をつくることができた。
	図画工作	●絵を描くとき，手や用具を使って生き生きと自分の思いを表現できた。
		●版画に表す活動で，彫る楽しさを味わいながら自分のイメージを基に，彫り方や色を工夫して表した。
	体　育	●マット運動で，めあてをもって粘り強く取り組み，苦手だった技もできるようになった。
		●「ソーラン節」を，体を大きく動かして力強く表現することができた。
	外国語活動	●英語で歌ったりチャンツをしたりすることを通して，基本的な表現に慣れ親しむことができた。
		●相手の反応を確かめたり，反応を感じたりしながら英語による伝え合いができた。
		● ALT と積極的に関わりながら，新しいものへ挑戦する気持ちや失敗を恐れない態度が育った。
		●外国語活動で学んだ英語を使って，ALT や友達とコミュニケーションを図ることができた。
		●日本語との違いを知ることで，様々な外国語の言葉のおもしろさや豊かさに気付くことができた。
		●相手に配慮したコミュニケーションを外国語活動の学習で学び，他の教科や生活の中でも生かそうとすることができた。
	総合的な学習の時間	●「町の安全を守る活動」について，地域の人々の災害への備えなどを調査するために，事前に質問やまとめ方を考えるなど，インタビューやアンケートの計画を立てた。
		●安全マップづくりの際に大切なポイントは何かについて，社会科で学んだ疑問や気付いたことをカードに書いて関係を示すという方法を生かし，整理することができた。

学年	教　科	記入文例
3 ・ 4 年	総合的な 学習の 時間	●自分の憧れの仕事について，なるために必要な資格や準備などを調べ，その内容を文章とイラストでまとめ，順序立てて説明することができた。
5 ・ 6 年	国　語	●接続語や文末表現に注意し，事実と感想，意見とを区別して話すことができた。
		●話合いを通して自分の考えを広げたり，互いの意見の共通点や相違点，利点や問題点等をまとめたりすることができた。
		●目的に応じて引用したり，図やグラフなどを用いたりして読み手に自分の考えが伝わるように書き表し方を工夫することができた。
		●文章と図表などを結び付けて，書かれている内容の理解を深めることができた。
		●登場人物の心情や場面についての描写を捉えて読み，優れた叙述について自分の考えをまとめることができた。
		●古典について解説した文章などを読んで，昔の人のものの見方や感じ方に興味や関心を深めていた。
		●相手を尊重する気持ちが表れるように敬語を使うなど，相手や場にふさわしい言葉で話すことができるようになった。
	社　会	●日本の国土について，地図帳や衛星写真を活用して調べ，特色について分かりやすくまとめることができた。
		●米の生産と流通について，資料で調べたり，調べたことを友達と話し合ったりして，自分の課題を解決できた。
		●自分の課題をはっきりさせて自動車工場を見学し，分かったことや考えたことをパンフレットにまとめるなど，見通しをもって追究する力が伸びた。
		●情報化社会について，資料を多角的に読み取り，よさだけでなく，課題についてもしっかり考え，自分の意見をまとめた。
		●「基本的人権の尊重」の考え方に基づいた具体的な事例を調べ，日本国憲法の基本的な考え方と国民の生活を関連付けて考えることができた。
		●歴史上の人物や出来事について意欲的に調べ，時代の特徴を捉えた発表ができた。
		●日本と外国との関係についての関心を深め，それぞれの国の伝統や文化を尊重することの大切さへの自覚が高まった。

学年	教　科	記入文例
5・6年	算　数	●数と計算の学習に優れ，小数の乗法・除法や異分母分数の加法・減法の計算の仕方を確実に身に付けた。
		●円と正多角形の性質について数学的活動を通して理解を深め，正確に作図する力が向上した。
		●いろいろな立体を観察したり，構成したりする活動を通して，構成要素に着目して立体図形の特徴や性質を考えることができた。
		●組合わせについて，図や表を用いるなどの工夫をしながら順序よく調べ，その調べ方を説明することができた。
		●混みぐあいや人口密度などと関連付けて，速さを単位時間当たりの大きさを用いて考えることができた。
		●実際には測定しにくい長さを縮図や拡大図を用いて解決するよさに気付き，校舎や校庭の木の高さを測定する際に活用することができた。
		●日常生活の中に，比例の関係になっている事象が数多くあることに気付き，日常の問題の解決に比例の関係を生かそうとする姿が見られた。
	理　科	●問題解決のための観察・実験を見通しをもって行い，その結果から自分の考えを表現する力が優れている。
		●コイルの巻き数と電流の大きさ，電磁石の強さの関係について，様々な条件に着目して実験をし，正確に結果を出し，表現することができた。
		●インゲンマメの発芽から結実までの過程を粘り強く丁寧に観察し，発芽するための条件を確実に捉えてまとめることができた。
		●流水のモデル実験で，実験の装置を的確に使って様々な条件で考えて調べるなど，実験の技能が向上した。
		●燃焼と酸素，二酸化炭素との関係について，多面的に考えることでより妥当な考えをつくりだし，それを分かりやすく発表できた。
		●電気の性質や働きについて進んで調べるなど，新しい問題に関心と意欲をもって主体的に取り組む態度が伸びた。
		●土地のつくりと変化について，5年で学習した「流れる水の働き」の内容を関連付けて考えるなど，様々な仮説の中から観察・実験を行い正しい結論を導きだす思考力が向上した。
	音　楽	●歌詞の情景や曲想を豊かに感じ取り，それを生かして互いの歌声を聴きながら，声を合わせて歌うことができた。

学年	教　科	記入文例
5・6年	音　楽	●「春の海」や「越天楽今様」を鑑賞し，尺八や琴の音色に関心をもち，曲想やその変化と音楽の構造との関わりについて理解することができた。
	図画工作	●自分がイメージする形や色になるよう考えながら用具や表し方を工夫し，意欲的に取り組んだ。
		●作品を鑑賞し，作品の特徴やイメージを感じ取り，進んで友達と話したり文章に表したりし，自分の見方や感じ方を深めることができた。
	家　庭	●調理や暮らしに役立つものの製作で学習した技能を，家庭で生かそうとする実践力が優れている。
		●主食・主菜・副菜の三つのグループの食品を組み合わせることにより栄養のバランスがよい食事になることを理解し，給食でも好き嫌いなく食べるよう学びを生かしていた。
		●物を大切にリサイクルするためにごみの分別をしたり，環境に配慮した商品を買ったり使ったりするなど，学んだことを生活に生かそうとしている。
	体　育	●器械運動，陸上運動，表現運動などの練習で，技の状態やフォームをビデオで振り返り，担任や友達に見てもらうなど，自己評価力や向上心が高い。
		●前学年では 15 メートルまで泳げていたが，息つぎの要領を覚えてから，クロール，平泳ぎとも 50 メートルまで泳げるように伸びた。
		●心の発達や不安，悩みへの対処の仕方について学習内容をよく理解し，実際の生活にも結び付けていた。
	外国語	●日付や時刻，値段など身近な語句や表現について，英語を聞いてその意味を理解し読むことができた。
		●英語で発表する際，聞き手に分かりやすく伝わるように，伝えたい事項の順番を決めたり選んだりすることができた。
		●外国語の学習で，言葉を伝えることは，心を伝えることが大切であると気付き，相手意識を持ちながら活動することができた。
		●アルファベットの文字の読み方が発音されるのを聞いて，4 線上に大文字，小文字を正しく書くことができた。
		●英語でやり取りをする際，何を聞き取ればよいのか，何を聞き取りたいか目的意識をもちながら聞くことができた。

学年	教 科	記入文例
5・6年	外国語	●外国語の学習で，日本と外国の文化の違いに気付き，外国の文化への理解を深めようとしていた。
	総合的な学習の時間	●コロナ禍における人々の生活の工夫や取組について自分たちの課題を設定し，これまでに総合的な学習の時間で取り組んだことを参考にしながら，解決方法を考えた。
		●ユニセフが世界の様々な国の子供たちのためにどのような活動をしているのかを調べ，社会科で学んだ国連などの他の国際的な機関と比較しながらまとめることができた。
		●著作権や肖像権の扱いについて，社会科で学習した基本的な人権と関連付けて考え，分かりやすく発表した。

学年	記入文例
3. 体力及び学習に影響を及ぼすような健康の状況	
学年共通	●弱視のため，教師や黒板に近い位置で学習できるようにした。
	●ぜん息で入院した期間が長いが，病院を訪問した教員が担任と連絡を取って指導した。国語，算数では，「知識及び技能」や「思考力，判断力，表現力等」の学習に重点をおいた。
	●体質が虚弱なため，持久力が十分でなく，体育や校外学習に配慮している。
4. 履修困難な教科の特別な処置の状況	
学年共通	●心臓疾患のため，体育の内容のうち，運動量の多い技能の学習が困難であるので，特別な教育課程によった。
	●気管支喘息のため，体育の内容のうち，喘息発作を誘発しにくい運動を選び，適切な課題を設けて履修させた。
	●色覚にやや異常が認められるため，教材は色に配慮したものを使い，図画工作の絵の制作では色彩表現を個性として受け止めて評価を行った。
5. 学年，学級の中での相対的な位置づけに関する情報	
学年共通	●算数の学力が学年内でも最上位であるため，内容に沿った高度な課題に取り組ませるようにした。
	●水泳の学習で競争の活動を取り入れたところ，意欲を高め練習をくり返した結果，記録会で優れた記録を出した。
	●自己評価で達成状況がよいと捉える傾向があったため，理科のテストの相対的位置を知らせて指導したところ，適切な自己評価を心がけるようになった。

学年	記入文例
\[span\] 6.　特に指導が必要な事実／通級による指導の学校名・時数・期間・内容や結果	
学年共通	※下記の記述例のように各教科の学習に限らない内容がある。そのため，149ページに「その他，指導上特に必要な事項」として記入例をまとめた。それを参考にしていただきたい。 〔日本語適応指導教室〕 ●○○立△△小学校日本語適応指導教室に通級，毎週○回（1回の指導○時間）。母国の言葉や文化を大切にしながら，日本語や日本文化の学習を通じて会話が上達し，読み書き能力も向上した。

＊「特別の教科　道徳」に関する所見は第 5 章を参照のこと。

【②特別活動に関する事実及び所見】

項　目	記入文例
\[span\] 1.　学級活動	
\[span\] (1) 学級や学校における生活づくりへの参画	
学級や学校における生活上の諸問題の解決	●司会グループとなり，みんなから出された議題をよりよい学級生活の観点から整理し，話合いの準備を進めた。
	●友達の発言を受け止め，違いや共通点をはっきりさせて自分の意見を発表した。
	●出された意見のよいところを合わせて，みんなが納得できる新しいアイデアを考えた。
	●学級会の司会をしたときには，発言者とその回数を記録し，みんなが発言できるように工夫していた。
	●話合いで記録係を務め，意見ごとに色分けをして分かりやすく板書することができた。
	●グループの話合いで記録係をしたときには，みんなの意見をまとめて発表をした。
	●議題と学級生活の向上との関係を考え，事前に自分の考えをワークシートに記入して話合いに参加した。
学級内の組織づくりや役割の自覚	●学級をよくしようとする意欲をもち，進んで係活動に取り組んだ。
	●バースデー係として，全員の誕生日をお祝いできるように誕生日カレンダーを作成し，計画的に活動に取り組んだ。
	●飾り付け係として，季節に合わせた飾り付けを折り紙で作り，環境美化に努めた。

項　目	記入文例
学級内の組織づくりや役割の自覚	●クラス遊び係になり，月1回のクラス遊びでみんながやりたい遊びのアンケートをとり，企画・実施した。
	●学級の話合いが円滑に行われるように，計画委員会で提案理由や話合いの柱などを検討して提案した。
	●学級の係を決める話合いで，学級生活をよりよくしようという意識をもち，学級の役に立つような係を考え，発表した。
	●図書係として，学級文庫の本の整理整頓を行うだけでなく，おすすめの本の紹介をするなど，係の仕事を工夫した。
学校における多様な集団の生活の向上	●通学班のリーダーとして，みんなが安全に登校できるよう話し合い，約束を決めて実践した。
	●たてわり班の全校遠足では，リーダーと協力して下級生の世話を行い，楽しく安全に活動した。
	●生活班の班長として，学級全体の生活の向上を目指して班長会で発言したり班をまとめたりした。
	●運動会のスローガンづくりでは，全校が一丸となって頑張れるような文言を考え，意見が代表委員会で採用された。
	●たてわり班の班長として，低学年の子供たちも楽しめるような遊びを計画し，実践した。
	●「○○小子どもまつり」では，意欲的に参加し，友達と仲良く協力して担当の仕事に取り組んだ。
	●「6年生を送る会」では，お世話になった6年生に自分たちの成長した姿を見てもらいたいという気持ちをもち，お祝いの歌を元気よく歌うことができた。

(2) 日常の生活や学習への適応と自己の成長及び健康安全

基本的な生活習慣の形成	●生活習慣についてのアンケート結果から自己の課題を考え，忘れ物をなくすために前の日の夜までに準備する，連絡帳を見直すなどの工夫を考えた。
	●人に礼儀正しく接することを心がけ，友達や教師，地域の人など，相手や場に応じた適切な言葉遣いや態度で話すことができた。
よりよい人間関係の形成	●掃除の時間にみんなが気付かないところを進んで掃除していた友達を，帰りの会でみんなに紹介し，称賛していた。
	●思いやりの心をもち，常に相手の立場に立って行動していた。

項　目	記入文例
心身ともに健康で安全な生活態度の形成	●手洗いやうがい，外遊びの後の汗ふきなど，身の回りの清潔に気を付けて生活した。
	●身の回りの交通ルールの大切さを実感し，校外学習では車の往来や交差点での左右確認に気を付けて行動した。
食育の観点を踏まえた学校給食と望ましい食習慣の形成	●よくかんで食べる，バランスよく食べることなどの大切さを理解し，苦手な食材でも残さず食べるようになった。
	●箸の使い方や食器の持ち方等，食事のマナーの意味を知り，それらを守って楽しく食事をすることができた。
(3) 一人一人のキャリア形成と自己実現	
現在や将来に希望や目標をもって生きる意欲や態度の形成	●学習への取組み方を振り返ることで自分の課題を見いだし，常に目標をもって学習に取り組んだ。
	●学期末に学級のめあてが達成できたかどうかを話し合ったときに，よくできた点ともう一息という点について自分の意見を発表した。
社会参画意識の醸成や働くことの意義の理解	●清掃当番で，分担した場所をみんなのためにきれいにしようと，友達と協力して責任を果たした。
	●給食当番を学級のみんなで受け持つ仕事だと理解し，手洗いや服装などの衛生に気を付けて進んで仕事をした。
主体的な学習態度の形成と学校図書館等の活用	●学習の見通しや振り返りを通して学習内容の理解が深まるとともに，進んで学習に取り組む態度が育った。
	●学校図書館や ICT 機器の利用の仕方を理解し，学習に積極的に役立てられた。
2. 児童会活動	
児童会の組織づくりと児童会活動の計画や運営	●代表委員会の委員長として，常に学校全体のことを考えて活動計画を立て，学校生活の向上につながる活動を行った。
	●代表委員会の一員としてあいさつ運動に取り組み，校門前で登校してきた児童に元気よくあいさつの声掛けをしていた。
	●代表委員会の委員に選ばれ，上級生に交じって学級や自分の意見を発表したり，代表委員会の話合いの内容を学級に伝えたりした。
	●代表委員会の計画委員として，議題選びから会の進行，代表委員会だよりの発行まで，意欲的に取り組んだ。

項　　目	記入文例
児童会の組織づくりと児童会活動の計画や運営	●保健委員会の委員長として，手洗いの励行や教室の換気など，みんなが取り組めることをポスターにして広めた。
	●給食委員会で，給食ワゴンの片付け方調査に進んで取り組み，結果を基に気を付けてほしい点を全校に伝えた。
	●放送委員会で，アンケートをとったりクイズを考えたりして，給食放送をみんなが楽しめるようにした。
	●飼育委員として，飼育動物の世話を忘れずに行うとともに，休み時間に低学年の児童が動物と触れ合うことができるような企画を考え，実践した。
異年齢集団による交流	●集会委員として，全校で楽しめる集会にするためのアイデアを出し，実行した。
	●全校ゲーム集会では，学年代表の係に選ばれ，ゲームの進行役やリーダーの仕事を進んで引き受けた。
	●縦割り清掃活動で，高学年のリーダーと協力して，掃除道具の使い方を1年生に優しく教えた。
	●新1年生の歓迎会で，新しい1年生への心を込めた「迎える言葉」を考え，はっきりした言葉で発表した。
	●卒業生を送る会で，学年代表として，卒業生に感謝の気持ちと別れの言葉を心を込めて伝えた。
	●図書委員として，朝学習の時間に低学年の教室で読み聞かせを行い，おすすめの本を紹介したり図書館の使い方を教えたりした。
	●たてわり班のオリエンテーリングでは，上級生の話をよく聞き，協力して課題を達成し，ゴールした。
	●代表委員で取り組んだあいさつ運動で，全校児童のあいさつを増やすためにあいさつソングを作ることを提案し，音楽専科の教師と協力して完成させた。
学校行事への協力	●マラソン大会へ向けて，毎日の練習のとき，運動委員として率先してコースの準備をしていた。
	●集会委員会での経験を活かして，学芸会の幕間係として演目の間の休憩時間にやるゲームやクイズを考え，行った。
	●クラブ発表会で，集会委員として司会進行をスムーズに行っていた。

項　目	記入文例
学校行事への協力	●運動委員会委員長として，運動会の準備運動や全校ダンスの模範演技を行い，みんなのお手本として堂々と演技した。
	●新聞委員として，ほかの学級の友達と協力して意欲的に学校行事の取材を行い，新聞を発行した。
	●運動会の放送の仕事を放送委員会で引き受け，くり返し練習して意欲的に取り組んだ。
	●全校遠足のオリエンテーリングでは，1年生から6年生までが楽しめるようなゲームを考え，活動した。
	●展覧会のスローガンを代表委員会の中心になって決定し，美化委員会と協力して掲示を作成した。
3.　クラブ活動	
クラブ活動の組織づくりとクラブ活動の計画や運営	●器楽クラブの部長として，クラブのメンバーの意見をよく聞いて活動計画をまとめ，クラブ発表会に向けた見通しをもって活動した。
	●卓球クラブの部長として，メンバーの構成を考えながらチームづくりをして，練習やゲームが計画的に行えるようにした。
	●バドミントンクラブの副部長として部長を助け，下級生にもこまかな技術指導をして，信頼された。
	●卓球クラブで，上級生と協力しながら練習計画を立て，経験者としてチームの技術向上に貢献した。
	●料理クラブで，材料の準備から係分担まで，スムーズに作業が進められるように考え，安全面にも気を配って活動した。
	●将棋クラブで，下級生にルールを丁寧に教えるなど，みんなが楽しく活動できるよう努めていた。
クラブを楽しむ活動	●サッカークラブに所属し，グラウンドの整備から片付けまで，みんなと協力して行った。
	●バスケットボールクラブの活動で，上級生の手本や動画，学校図書館で借りた本などを見てシュートの仕方を身に付けた。
	●一輪車クラブに入り，初めて乗る友達に乗り方を丁寧に教えるなど，乗れるようになるまで協力して取り組んだ。

項　目	記入文例
クラブを楽しむ活動	●科学クラブに所属し，安全に気を付けながら，協力して実験に取り組んだ。
	●球技クラブの活動で，友達に対して「ナイスシュート！」「ドンマイ！」などの称賛や励ましの声掛けを進んで行った。
	●カメラクラブの活動では，撮影した写真の意図や工夫を友達と伝え合い，よりよい写真が撮影できるように技術の向上を目指した。
クラブの成果の発表	●マンガ・イラストクラブで，ストーリーまんがの製作に取り組み，下級生と力を合わせて1冊の本にまとめ，展覧会で発表した。
	●演劇クラブの発表では，ストーリーや配役について，一人一人の思いを尊重して話し合い，創作劇をつくり，発表した。
	●合唱クラブに所属し，率先して練習に取り組み，クラブ発表会で素敵な歌声を披露した。
4．学校行事	
儀式的行事	●始業式で，児童代表として新しい生活への希望や決意を発表し，自分のめあてをはっきりもって学習に取り組みたいと話した。
	●入学式に在校生代表として出席し，新入生を歓迎する呼び掛けで入学をお祝いする気持ちを表した。
	●離任される先生に感謝の気持ちを伝えるという目的に沿って，先生との思い出や心に残った言葉を文章にまとめ，離任式で児童代表として読んだ。
	●全校朝会では，素早く整列し，よい姿勢で話し手の方をしっかり見て，大事な事柄を落とさずに聞いていた。
	●卒業式で，在校生の代表として，卒業生を送る言葉を心をこめて発表した。
文化的行事	●学習発表会では，国語の授業で学習したことを活かして，表現の仕方を工夫して朗読劇に取り組んだ。
	●音楽会で，ピアノ伴奏担当に立候補し，みんなが歌いやすい伴奏になるよう，正確なリズムで演奏することを意識していた。

項　　目	記入文例
文化的行事	●学芸会で道具係となり，同じ係の友達と協力して何回もやり直し，自分たちが納得できる道具を作った。
	●演劇鑑賞教室で，熱心に観劇し，その感動や自分が学芸会で役を演じるときに生かせることを文章に表現した。
	●展覧会のグループ制作では，よりよい作品にしようと，積極的に意見を出し，友達と協力しながら工夫した。
健康安全・体育的行事	●休み時間の避難訓練でも，安全に必要な約束を守り，落ち着いてその場に合った避難行動をとることができた。
	●スポーツテストでは，昨年度の記録と比較しながらそれぞれの種目に取り組み，自分の成長やこれからの課題に気付いた。
	●運動会のリレーで，転んでも最後まで全力で走りぬき，あきらめずにやり遂げることの大切さに気付いた。
	●運動会の応援団長として，応援の仕方や小道具作りを工夫し，大きな声で応援を盛り上げた。
	●地域の方々と協力した防災訓練では，避難所運営のために自分たちができることは何かを考え，率先して行動していた。
遠足・集団宿泊的行事	●遠足では，「みんなと仲良くしよう」というめあてを意識して，友達と仲良く遊び，楽しく会話をしながら昼食を食べていた。
	●遠足の行き帰りでは，交通のきまりや公衆道徳を守り，安全に注意して行動した。
	●全校遠足では，歩き疲れた下級生を励ますために話をしたり一緒に歌ったりして，最後までみんなで楽しく歩くことができるように努力した。
	●移動教室の陶芸体験では，伝統工芸の美しさと難しさに触れ，真剣にものづくりに取り組んだ。
勤労生産・奉仕的行事	●全校草取り，大掃除などの働く行事の意義を理解し，普段掃除しないところを見付けて進んできれいにした。
	●老人ホームとの交流会では，高齢者に優しく声を掛けたり，一緒に手遊びを楽しんだりしていた。
	●1年生の世話係として，朝の支度の手伝いや休み時間に一緒に遊ぶなど，自分たちでできることに取り組み，たいへん慕われた。

項　目	記入文例
勤労生産・奉仕的行事	●地域の清掃活動では，みんなの使う場所をきれいにしたい，という気持ちをもち，他の学年の人たちと協力して公園のゴミ拾いをした。
	●就学時健診で案内・誘導係になり，学校に初めて来る子供や保護者に親切に接していた。

【③行動に関する所見】

項　目	記入文例
1.　全体的な特徴	
	●明るく活発で，公平にみんなに声をかけて遊ぶので，同級生だけでなく下級生にも慕われている。
	●学習・生活の両面で適切に判断し行動でき，自分が決めたことに責任をもつこともできる。
	●様々な事柄に対して興味や関心が旺盛で，積極的に関わって疑問を解決しようとする。
	●掃除や係の仕事などをはじめ，どんなことにも一生懸命に取り組む努力をしているので，友達から信頼されている。
	●まわりの友達を楽しませようとして，いつも明るい話題を提供し，学級の雰囲気をなごませている。
	●学習や学級の行事で進んでアイデアを出し，みんなが楽しみながら学べる雰囲気を作りだしていた。
	●各教科等の授業で建設的な意見を言うことが多く，話合いの内容を高めるように努めている。
	●楽しく活動しているときでも，してはいけないことはしっかり判断して友達にも声をかけ，正しい行動をとることができる。
	●常に健康管理を意識してマスクを着用し，教室の換気にも気を配っていた。さらに休み時間の後や給食前には，手洗いやうがいの声かけをみんなにしていた。
	●困っている友達に自ら進んで声をかけたり，相談にのったりするなど，思いやりと行動力がある。
2.　個人として優れている点	
	●身の回りの整理整頓を心がけ，学習準備などの忘れ物をしないなど，こまかく気を配っていた。

項　目	記入文例
	●動植物の飼育・栽培に興味をもち，学級の動物や植物の世話を進んで行っていた。
	●科学クラブの部長として，めあてを決めて活動できるようにした。どのように実験するか，みんなで話し合い楽しく取り組んでいた。
	●行動は控えめだが，常に自分の役割を考え，自分のするべきことを果たそうと行動していた。
	●代表委員として，学級全体の課題を考え，課題を改善しようと計画し努力していた。
	●班長として，給食や清掃でいつも先を見通して時間を守りながら，みんなの先頭となって行動することができた。
	●学級での話合いでは，自分の考えだけを押し付けず反対の考えもよく聞き，学級のためにはどうしたらよいかをしっかり考えることができた。
	●体の弱い友達の健康を気づかい，目立たないところでさりげなく手助けをするなど，思いやりと優しさのある行動が見られた。
	●花壇の植物に友達がボールをぶつけてしまい茎が折れかかったとき，支柱を探し添え木として植物の命を大切にする気持ちがみられた。
3. 行動の状況の進歩が著しい場合	
	●入学当初は一人でいることが多かったが，主体性が育ち，自ら友達と関わることができるようになった。
	●学年当初は無言で職員室に入ってきていたが，思考・判断・表現の力が育ち，はっきりと相手や場に応じた言葉遣いができるようになった。
	●学年当初は物事に消極的だったが，学芸会で自分の役をやり遂げてから自信をもち，様々なことに進んで取り組むようになった。
	●年度初めは友達の意見に影響されることが多かったが，しっかりした行動が認められるようになり，自分の思いや考えをはっきりと伝えられるようになってきた。
	●友達のよいところを見付ける力が伸び，互いの長所を認め合えるようになって，いさかいが減り，仲良く生活できるようになった。
	●クラブの部長として，練習方法について悩んでいたが，みんなの意見を聞き，協力して解決策を考えることができた。
	●生活班の班長になった当初は班の友達に声かけができなかったが，責任感が育ち，良い面を認め，改善点は話し合うようになった。
	●常に物事を公平に判断し，だれに対しても分け隔てなく接するので，広く友達の信頼を得るようになった。

項　目	記入文例
	●ゴミをなくす美化運動に参加して以来，自分の生活の中でできることを考え，進んで取り組む行動が目立つようになった。
4.　健康状況及び配慮事項	
	●小児ぜんそくのため，発作が起きたときの処置について，保護者とよく連絡を取り合い確認しておく必要がある。
	●肉と卵のアレルギーのため，給食でこれらの食品除去や弁当持参への配慮をしてきた。
	●胃腸が弱いため，給食での固いもの (たとえばパンの耳など) を残すようにしたいと保護者から連絡があり，配慮をしてきた。
	●左足親指骨折治療中により，リハビリを含めて3カ月の加療を要するため，左足に負担のかかる運動等を避ける。
	●心臓に疾患があるため，強度の運動は避けているが，校医や主治医の指導を受けながら，水泳の授業では徐々に水に慣らしていくことにした。
	●重度の花粉症のため，当該時期にはマスクや防塵眼鏡をかけており，この時期の屋外での授業や活動には配慮を要した。

学年	項　目	記入文例
「行動の記録」の評価項目別の記入文例		
1・2年	基本的な生活習慣	●持ち物の整理整頓を心がけていた。机の中の道具箱がきちんと整頓されているので，友達も感心していた。
		●教職員や来校者にも友達にも，その場に合った気持ちのよいあいさつができた。
		●登校時刻が毎日ほぼ同じで，朝会の時刻が近づくと校庭に出るなど，学校での規則正しい生活が身に付いている。
		●健康や安全に気を付けて過ごしていた。友達にも声をかけて，けがやトラブルがないようにしていた。
	健康・体力の向上	●運動が大好きで，友達にも声をかけ，毎日進んでみんなで外で遊ぶことができる。
		●よくかんで食事をすることが健康に関係することを知り，落ち着いて食事をしていた。
		●なわとびが大好きで，寒い日でも元気に外に出て，進んでがんばりカードに挑戦していた。

学年	項　目	記入文例
1・2年	健康・体力の向上	●手洗い・うがいをこまめにして，外遊びのあとの汗ふきなど身のまわりを清潔にして，風邪や感染症の予防を身に付けていた。
	自主・自律	●日直の仕事を一つ一つ確実にこなそうと取り組んでいた。
		●よいと思うことはしっかり進んで行うことができる。困っている友達にもやさしく声をかけていた。
		●分からないことは積極的に自分から質問し，解決していた。
		●給食が終わりストローの袋が落ちていると，黙って拾ってごみ袋に捨て，教室をきれいにしていた。正しいことを黙々と行い，お手本になっている。
	責任感	●休み時間に遊んだ学級のボールが置きっぱなしになっていることに気付き，友達にも声をかけ，ボール置き場に片付けていた。
		●配布物を配る係として，言われなくても「このプリント配りましょうか」と，気をきかせて配ることができた。
		●自分がやらなければならない学習や仕事に意欲的に取り組んでいる。
		●給食当番として，準備や配膳，片付けを最後まで行うことができた。
	創意工夫	●1年生を連れて学校探検をするとき，事前に休み時間に友達と下調べをした。保健室や職員室の近くは静かにするよう1年生に伝えるよう提案した。
		●週末に上ばきの持ち帰りを忘れる人が多かったとき，「帰りの会で隣の人と確かめる時間を作る」と提案した。学級のことを考えた行動ができる。
		●連絡帳の記入の仕方を工夫して，短時間で分かりやすく記録できた。
		●ロッカーを使いやすいように工夫して，それをみんなに伝えていた。
	思いやり・協力	●生活科でリースを作ったとき，早く作り終わった子に声をかけ，仕上がっていない友達を手伝い，時間内に全員が仕上がった。
		●困っている友達がいると必ず声をかけて，助け合う行動が見られた。

学年	項目	記入文例
1・2年	思いやり・協力	● 掃除の時間，おなかの調子が悪そうな友達に座って休んでいるようにやさしく声をかけ，先生に伝え保健室に付き添った。
		● 作業で手間どっている友達がいると，進んでやり方を教えて一緒に活動した。
	生命尊重・自然愛護	● 台風が来る前に鉢植えのアサガオを校舎内に運ぶのを手伝った。「アサガオが折れたらかわいそう」と声をかけていた。
		● 学級で飼っているメダカの水槽を友達と協力してきれいに洗った。学級の友達にメダカを見るときの注意を帰りの会で説明した。
		● ウサギ小屋の掃除を進んで行うなど，生き物を大切にする態度が見られた。
		● 学級で飼育している生き物に優しい気持ちをもって世話をしている。
	勤労・奉仕	● 棚に入っているけんばんハーモニカが整理されていないことに気付き，名前が見える向きにきれいにならべていた。
		● 運動会の前に全校で校庭の石拾いをしたとき，「だれかがけがをしないように」と進んで小石を拾っていた。
		● みんなで使う教室をきれいにしようと，意欲的に掃除に取り組んだ。
		● 空き缶集めでは，最後まで一生懸命取り組むことができた。
	公正・公平	● 休み時間に元気におにごっこをしているとき「入れて」と言ってくる子がいると，どの子も「いいよ」と仲間に入れ，だれとでも分け隔てなく，仲良く遊ぶことができる。
		● 自分ばかり話すのではなく，だれの話でもよく聞くことができる。
		● 友達とけんかになったとき，自分を振り返り素直にあやまることができる。公正な考え方で善悪を判断できる。
		● 係や当番の仕事は，友達との分担や順番を守るよう心がけている。
	公共心・公徳心	● 机やいす，ロッカーなどを丁寧に使い，大切にしていた。
		● 遠足で1年生といっしょに公園に行ったとき，遊具は順番を守って楽しむことや，小さな子には安全に気を付けることをやさしく話していた。

学年	項　目	記入文例
1・2年	公共心・公徳心	●廊下を走る友達に声をかけ，注意をうながすことを心がけている。
		●休み時間，教室にだれもいなくなったとき，電気を消したり，水道の蛇口を閉めたりしていた。みんなが使うものを大切にする気持ちが育っていた。
3・4年	基本的な生活習慣	●自分の物でもみんなで使う物でも，使ったら必ず元に戻す習慣がついている。整理整頓もしっかりでき，物を大切に使っている。
		●学習が早く終わったときには，自分から辞典を読むなど，空いた時間をうまく使おうとしていた。
		●学校のきまりをよく守り，規則正しく過ごすことができた。休み時間は友達と仲良く遊び，チャイムとともに授業の準備ができていた。
		●相手や場に応じて，正しい言葉遣いができ，礼儀正しく行動することができた。
	健康・体力の向上	●食事中のマナーを意識して，給食を静かに残さず食べている。
		●教室の換気に気を配り，自分でも手洗い，うがい，マスクの着用など健康に気を付けた生活ができている。
		●持久走に進んで挑戦し，毎日練習を積み重ねていた。
		●家庭生活のチェックカードに，食事や睡眠を十分にとることで授業中の集中力が高まることが書かれていた。規則正しい生活を送ろうとしている。
	自主・自律	●自分の考えをはっきりと相手に伝え，話し合うことができた。
		●花壇の植物が元気がないのを見て，主体的に水やりをはじめ，植物が元気になった。自分でできることを，目標をもって続けることができる。
		●運動会のスローガンについての話合いで，自分の考えをしっかり発表できた。友達の意見もよく聞き，よいところを認めることもできた。
		●よく考えて行動し，失敗は素直に認めることができた。
	責任感	●連絡係として専科教員に確認した持ち物をみんなに伝えたり，各係の伝えたいことをしっかりみんなに話したりして，自分の仕事に責任をもっていた。

学年	項 目	記入文例
3・4年	責任感	●当番で使った道具を，次の人が使いやすいように考えて片付けた。
		●掃除のとき，班長として進んで道具を取りにいき，責任をもって丁寧に作業した。最後にしっかり確認して反省会も行った。
		●自分からやろうと決めたことは，粘り強く最後までやり遂げた。
	創意工夫	●学習の課題について，情報機器を活用したり図書館で調べたりして，問題解決をしていた。学び方を自分でよく考え，工夫していた。
		●学級新聞で友達を紹介しようと考え，インタビューの仕方を工夫した。
		●体育のポートボールでルールを決めるとき，大事なことを落とさず分かりやすく伝える方法を考えた。文字だけでなく絵やふきだしを入れ，色やラインも工夫していた。
		●分かりやすい連絡方法について学級の意見を聞き，連絡黒板の表記の仕方を工夫した。
	思いやり・協力	●自分と意見の異なる友達の話もよく聞き，理解しようと努めていた。
		●休み時間，仲間に入りたそうにしていた友達に声をかけ，いっしょに遊んでいた。相手の気持ちを考え，思いやりのある行動ができた。
		●自分の掃除の分担が早く終わると，進んで友達を手伝っていた。
		●リレーを行ったとき，友達がバトンミスをしても責めることなく励ましていた。友達と仲良く助け合って生活できる。
	生命尊重・自然愛護	●学級で飼育している金魚の世話を毎日続け，えさやりや水替えなど丁寧に行っていた。生物の命を大切にしようとする気持ちが育っていた。
		●理科でツルレイシを観察しながら栽培活動を行い，植物が成長して花，実と変化する不思議さ，すばらしさを感じ取っていた。
		●地域の身近な自然を守る活動に，熱心に取り組んでいる。
		●遠足では，気付いたごみを拾い，きれいな自然を守ろうと努めていた。

学年	項　目	記入文例
3・4年	勤労・奉仕	●掃除を隅々まできれいにすることを意識して取り組んだ。
		●エコ当番として，ごみの分別や節電を呼びかけるなど，進んで仕事に取り組んでいた。みんなが協力してくれるようになったことで，充実感を感じた。
		●どんな仕事にも意欲的に取り組み，みんなのためになることを行うことで成就感をもった。
		●学校行事が終わったあとに，不要になった道具や材料を進んで後片付けした。友達のよい手本になっていた。
	公正・公平	●休み時間に「おにごっこする人，校庭に集合」と全員に声をかけ，だれとでも仲良く遊ぶことができる。相手の立場に立った行動ができた。
		●仲たがいをした友達双方の言い分を聞いたうえで，公平に判断しようとしていた。
		●自分の正しいと思うことをよく考えて行動することができる。
		●友達がけんかになったとき，穏やかに間に入り，お互いの言い分を聞いて仲直りさせることができた。公平に判断しようと努力している点にも成長が見られる。
	公共心・公徳心	●登校すると教室の窓を開け，みんなが気持ちよく生活できるよう心がけている。
		●図書係として，学級文庫の本を貸し出した。本の整理を熱心に行った。本が破れているとテープで直していた。係の仕事を通して，みんなが使うものを大切にする気持ちが育っている。
		●登下校時に交通ルールを守るよう，低学年の子供にも働きかけ，実践している。
		●校外学習で電車に乗ったとき，ホームではきちんと並び，車内では静かにして高齢者に席を譲るなど，社会のきまりを守って行動できた。
5・6年	基本的な生活習慣	●廊下や階段で右側通行を守り，守れていない友達に「気を付けよう」と声をかけていた。みんなで安全に気を配れるようにしていた。
		●自分の役割でなくても，清掃当番の友達が活動しやすいように，掃除用具入れの中を時々整理整頓していた。

学年	項　目	記入文例
5・6年	基本的な生活習慣	●レクリエーション活動では，十分に楽しみながら，話を聞く場に変われば集中して話を聞くなど，けじめをつけることができた。
		●自分の長所，短所をよく自覚し，長所を積極的に伸ばそうとしている。
	健康・体力の向上	●学校生活で問題に直面したとき，友達と協力したり教師に相談したりして気分転換を図り，心の健康を保っている。
		●睡眠・休息・運動の大切さが分かり，生活リズムを自ら整えている。
		●朝登校し身の回りの準備をして，校庭に出て継続的にマラソンやなわとびに取り組んでいた。
		●うがいや手洗い，マスクの着用など，健康管理を意識して欠かさず行っていた。
	自主・自律	●高学年としての自覚が育ち，責任をもって委員会の仕事に取り組んでいる。
		●人の意見をよく聞いて考えた上で，自分の主張をすることができる。
		●自分の得意なことだけでなく苦手なことも進んで克服しようと努力している。
		●「総合的な学習の時間」で地域の美化について学習し，清掃に関わる仕事の重要性を理解した。ゴミ問題にも目を向け，主体的に考える力が身に付いた。
	責任感	●計画委員に選ばれ，学校全体の行事の計画と運営に力を尽くした。人がいやがる仕事も進んで行い，多くの人から信頼を得た。
		●1年生の世話係として，実際にやってみせながら分かりやすく説明した。自分の役割と責任を自覚した行動ができた。
		●みんなの生活に役立ちたいという意欲をもって，係の仕事に取り組んだ。
		●高学年としての自覚をもって，同じ地区班の下級生たちに進んで声をかけ，まとめた。
	創意工夫	●問題解決に取り組む際には，一つの方法に満足せず，いろいろな方法を考え探究していた。
		●生活当番として，下駄箱やロッカーの整理整頓を全員で行うように，帰りの会で欠かさず状況報告を行った。学級全体の意識が高まった。

学年	項　目	記入文例
5・6年	創意工夫	●園芸委員会に所属し，花壇の花に興味と愛着をもってもらうよう，標語を作って掲示するなどアイデアを出していた。
		●ポートフォリオの資料を学習の過程が分かるように工夫し，振り返りに役立てた。
	思いやり・協力	●卒業までを見通して，学校全体をきれいにしようという年間を通した計画を考え，先生とも相談しながら，友達とも協力して実行できた。
		●学習・生活両面で友達と協力しようとする態度が育った。自分の考えを丁寧に伝え，友達の考えもしっかり聞くこともできた。
		●グループ学習で，友達に進んで声をかけ，協力し合って学習した。
		●委員会活動の意義を理解し，学校生活を向上させようと意欲的に取り組んだ。
	生命尊重・自然愛護	●飼育委員として動物の誕生と死にふれ，かけがえのない命を実感し，いっそう愛情をもって世話に取り組んだ。
		●移動教室の登山で自然のすばらしさにふれ，「総合的な学習の時間」では意欲的に環境問題を追究していた。
		●地域の「雑木林を守る会」の活動に進んで参加していた。総合的な学習で，川に生き物を呼び戻すにはどうするか友達と考え，自然保護の気持ちが育っている。
		●環境問題の学習をきっかけに，地球温暖化を進行させないためにポスターを作って掲示するなど活動していた。
	勤労・奉仕	●みんなで使う場所の掃除を確実に終えたあと，さらに汚れている所はないか友達と一緒に探してきれいにしていた。
		●縦割り班での清掃活動で，下級生に掃除の方法や注意点を丁寧に教えていた。自分でもお手本を示していた。
		●分担が明確でない仕事も進んで引き受け，自ら活動する中で学級をよくしていくことを喜ぶ様子が見られた。
		●自分でできるボランティア活動を始めたいと考え，手話の習得に取り組んでいる。
	公正・公平	●自分の意見を言うだけでなく，様々な友達の意見を聞いて，みんなの納得を得ようとしている。
		●友達が答えを間違っても批判したりせず，協力して一緒に学び合おうとしている。

学年	項　目	記入文例
5・6年	公正・公平	●帰りの会でその日のMVPを発表するとき，がんばっているのに目立たない友達をMVPに推薦していた。だれに対しても公平・公正に接していた。
		●学級でもめごとがあると双方の考えをよく聞いて公正な判断力と正義感で解決するので，みんなに信頼されている。
	公共心・公徳心	●学校のきまりを進んで守り，けじめのある生活をしている。集団生活のきまりを守ることの必要性を理解し，それに基づいて行動できた。
		●学級会に提案して，低学年の子供が転ばないよう，校庭の小石などを取り除く活動をした。
		●公共機関を利用するとき，周囲に迷惑がかからないように節度を守り，行動していた。
		●忘れ物をしたとき，すぐに正直に話しに来て，次からは自分なりに対策を考え心掛けたので，忘れ物がなくなった。生活をよくするための行動が身に付いている。

【④児童の特徴・特技，学校内外におけるボランティア活動など社会奉仕体験活動，表彰を受けた行為や活動，学力について標準化された検査の結果等指導上参考となる諸事項】

項　目	記入文例

〈特徴・特技〉

1．趣味，特に関心の強い事柄
●読書を好み，時間を見付けては本を読んでいる。読書記録を作るよう助言したところ，続けて記録し，さらに読書量が増えた。
●石器に興味をもち，休日を利用して遺跡見学会などに出かけ，知識も豊富になった。さらにたくさんの人と会話するので，コミュニケーション能力も向上した。
●鉄道ファンであり，列車を撮影したり，時刻表で「鉄道全線完乗」の計画を立てたりすることを趣味としている。
●クラシック音楽の鑑賞を好み，名曲などの知識も豊富である。音楽の授業でも積極的に発言している。
●刺しゅうを趣味にしており，自作の作品を友達に見せたり，家族への贈り物にしたりしている。家庭科の学習では，友達に丁寧に教えることができた。

項　目	記入文例
	● 料理が好きで，自分で考えた創作料理のレシピを友達に教え，家庭科の調理実習にも生かしていた。
	● 釣りが好きで家族や友達と釣りに行ったり，本で釣りの研究をしたりしている。
	● 将棋を好み，腕前も優れ，友達に教えている。ひとりぼっちでいる友達にも声をかけて，休み時間にいっしょにやっていた。
	● 小動物に興味があり，自分で飼育したり図鑑で調べたりして，知識も豊かである。理科の授業でも，よく発言をしていた。
	● サッカーについて関心をもち，各国の有名選手名やその得意技などを調べて，テレビ観戦に熱中している。
	● シールの収集に熱心に取り組んでいる。授業で趣味の発表をするとき，友達に分かりやすく説明をして，大きな拍手を受けた。
	● 写真に関心があり，家族としばしば風景写真の撮影に出かけている。
	● バレエを好み，バレエ教室に通い練習し，体育の授業で見せてくれたとき，友達が感心していた。

2. 個性的な技術，技能

	● コンピュータの操作技能が抜群で，レポート作り・インターネット・Eメールなどに活用している。
	● 硬筆・毛筆ともに力強く整った文字を書く。手書きの学級新聞をつくり，みんな読みやすいのでおどろいていた。
	● 珠算が得意で○級である。暗算も速く正確にできる。いつも算数の授業では一番に手を挙げていた。
	● 長期間にわたる海外生活経験があり，日常生活程度の英会話ができる。英語の授業で先生の質問に英語で答えるので，友達が感心していた。
	● 絵を描くことが好きで，アニメの主人公や友達の似顔絵を上手に描いていた。
	● 手品が得意で常に技能を磨き，お楽しみ会などで活躍した。

3. スポーツ，芸術などの活動

	● スイミングスクールに通い，泳力（自由形）は学年トップの記録をもつ。
	● 地区のサッカークラブに所属し，練習態度もまじめで技能も優れている。友達にもよくパスをまわし，プレーも考えている。

項　　目	記入文例
	●地区の少年野球チームに所属し，投手として活躍している。
	●持久走を得意とし，校内や地区のマラソン大会で活躍し，入賞した。
	●校内の球技大会で，学級のキャプテンとして活躍した。技能だけでなく，人柄も信頼されている。
	●なわとびが得意で低学年の子供の指導にあたり，効果を上げた。集会でお手本を見せて，大きな拍手をもらっていた。
	●地区の体操クラブに所属し，ジュニアの部で活躍している。
	●バレエが得意で，クラブの発表会で主役を演じた。
	●地区の児童合唱団に参加し，熱心に練習してソロを受け持った。音楽の授業でも，友達の模範を示していた。
	●劇団に所属して意欲的に練習に参加し，子役として活躍中である。学芸会でお手本を見せてもらった。
	●日本画を習っており，展覧会に出品して特別賞を受けた。展覧会の作品も，みんな感心して見ていた。
	●ピアノが得意で，全校合唱や音楽会で伴奏役を務めた。

〈学校内外における社会奉仕体験活動〉

1. 地域での活動

●町内ごとの清掃活動日に毎回参加し，「町をきれいにする会」の活動で活躍している。町会長さんから感謝の言葉をいただいた。
●地区少年消防団員として防災について関心をもち，ポスターはりなどの奉仕活動に積極的に取り組んでいる。
●地域のごみゼロ運動に参加し，町や河川の空き缶拾いをしていた。町会の方も喜んでいた。
●地域のリサイクル活動に参加し，リサイクル品の整理などを手伝っている。
●自宅近くの公園で，ガラス片やとがった金物などを拾う活動を続けている。
●友達と一緒に，近所のバス停の周りの清掃をしていた。活動が広がり，地域がきれいになった。

項　目	記入文例
	●道に迷った高齢者を親切に道案内し，感謝された。学校にもお礼に見えたので，朝礼で全校に紹介した。
2.　学校，学級での活動	
	●約２カ月入院した友達の見舞いを友達と協力して続け，学級通信を届けたり，学習の状況の連絡を頻繁に行ったりして，友達を励ました。
	●子ども会のリーダーとして，下級生の世話をよくしていた。学校でも年下の児童とよく遊んであげている。
	●肢体の不自由な級友と分け隔てなく仲良くし，学習を助け合っていた。
	●子ども会の資源回収に積極的に取り組み，回収成績を高めようと努めた。
	●学校園の雑草を除去し，植物の世話に努めていた。主事さんが感心していた。
	●学校園で花を育て，校内の美化に努め，地域の施設等にプレゼントして感謝された。植物の知識と栽培技能が高まった。
	●学年末に「次の人たちにきれいな教室を渡そう」という活動をしたとき，意義を自覚して真剣に掃除した。下学年の子供が喜んでいた。
3.　ボランティア，福祉に関する活動	
	●入団したボーイスカウト（ガールスカウト）の，地域清掃などのボランティア活動に熱心に参加している。
	●地域のボランティア活動に家族とともに参加し，町内の清掃や高齢者施設の訪問を続けている。
	●「総合的な学習の時間」の継続で，地域の高齢者施設を訪問し，歌を歌ったり，ゲームを楽しんだりするなど交流を続けた。
	●ボランティアグループを作り，集める活動（使用済み切手・ベルマーク・使用済みプリペイドカード）を続けている。友達の輪が広がっている。
	●自然観察会や保護活動のクラブに入会し，身近な生き物の調査（河川の小動物）や川の自然度調べなどに参加している。理科の授業でも，生き物を大切にすることを友達に伝えている。
	● NGO の会員になり，国際交流や国際協力についての情報を収集し，活動をしている。学校の集会でも分かりやすく全校に伝え，意識を高めていた。

項　目	記入文例

〈表彰を受けた行為や活動〉

1.　コンクールや発表会などで受賞したこと
●地区○○主催の書き初め展で，□□賞を受賞した。
●読書感想文コンクールで，テーマ「○○」で□□賞に輝いた。
●交通安全ポスターで，銀賞を受賞した。
●地区発明工夫展で入賞した。
●緑化推進ポスターに応募し，入賞した。
●○○児童作文コンクールに応募し，特別賞を受賞した。
●環境美化運動推進ポスターに応募し，入賞した。
●歯の健康優良児として表彰された。
●地区水泳大会で50メートルの新記録を出し，表彰された。
●連合陸上大会の○○（部門）で入賞した。
●地区サッカー大会で優秀選手に選ばれ，表彰された。
●地区音楽コンクールの○○部門で□□賞を受賞した。

2.　よい行いに対して個人で表彰されたこと
●近くの公園の清掃活動を続け，地区から感謝状を受けた。
●近所の火災を発見し，近くの住民に素早く知らせるとともに，初期消火に協力したことで消防署から感謝状をもらった。
●近くのバス停付近が散らかっていたので，ポスター作りをしたり適時清掃したりして，地区委員会からの善行賞を受賞した。
●海辺の清掃活動を休日を利用して行い，地区の組合の会報で紹介された。

項　目	記入文例
3.　集団が表彰され，その一員であること	

- ●連合学芸会に出演し，優秀賞を受賞した。

- ●地区水泳大会で，200メートルリレーの選手となり，入賞した。

- ●マーチング大会に参加し，フラッグを務め，特別賞に輝いた。

- ●連合運動会の400メートルリレーで優勝した。

- ●グループで老人ホーム訪問を続け，ボランティア活動に毎月参加し，老人ホームから感謝状が贈られた。

- ●ブラスバンドクラブでコンクールに参加し，入賞した。

- ●地区音楽コンクールに出場し，銅賞を受賞した。

- ●地域のリサイクル活動に参加し，毎週整理に努め，町内の協力会から感謝状が贈られた。

- ●「総合的な学習の時間」のグループで市の統計グラフコンクールに応募し，佳作を受賞した。

〈学力について標準化された検査の結果等〉

1.　標準化された検査

＊標準化された検査とは，一般的に，
①問題内容（各教科のそれぞれ欠かせない指導項目を取り出した検査項目）
②実施方法（検査の形式と実施手続）
③採点方法（採点結果が一致する）
④結果の解釈方法（成績判定の基準を設ける）
　等を，心理学的手法によって標準化したものである。
　だれが実施しても，実施手引きに従っていれば安定した結果が得られ，解釈も共通して行える，妥当性（測定しようとするものを正しく測定できること），信頼性（同じ検査を時期をかえ検査者をかえて実施しても，結果の一致度が高いこと），客観性（回答の正誤に疑義がなく，結果の解釈が一義的にできること）を保証するために工夫をこらした検査である。

項　目	記入文例

2.　標準化された検査の種類

　＊現在一般的に利用されている標準検査の種類は，以下の通り。

◆学力の診断に用いる「標準学力検査」

　①集団準拠検査──個人の得点を母集団の平均値と比較する（相対評価）ことによって，個人の得点を解釈する。

　②目標準拠検査──個人の得点を指導目標または到達目標と比較し，個人がその目標をどの程度達成したか（絶対評価）によって，個人の得点を解釈する。

　学校教育においては「生きる力」の育成をめざし，基礎・基本の徹底と，自ら学び自ら考える力の育成が強調されている。こうしたことから，学習の評価は学習目標の達成状況を見ることを重視し，目標に準拠した評価となっている。

◆学習能力，適性，長所等の診断のために

　①知能検査──知的能力の発達の度合いや個人偏倚（へんい）の状況を把握するのに用いる。子どもの知能を科学的に正しく測定・診断し，環境条件などの相互作用を究明することが重要な課題である。

　②適性検査──知能検査は，一般的な知的能力を中心とした学習適性を診断・判定することはできるが，特定分野の学習適性を調べるには，知能以外の分野（言語・読書力・道徳性など）を適性検査で診断する。

　③適応性検査──学習遅滞の原因を探るための情意面を含む学習適応性や集団への適応性も調べて子どもの指導に役立てる。

　個性を生かす教育ということで，多様な指導方法が用いられる。子どもの「よさ」，可能性を伸ばす特色ある教育活動が求められている現在，これらの標準検査を活用して，子どもの援助に生かすようにする。

3.　結果の記入例（実施した検査の結果を，必ずしもすべて記入する必要はない）

　＊標準化された検査が活用されるためには，実施した時期，標準検査の名称，結果，簡単な診断内容や，必要に応じて指導した手だて，配慮事項を記入する。

〔知能〕

● 4／○，□□式知能検査知能偏差値（SS）56　認知，記憶には優れるが，拡散的思考が少し弱い。

● 4／○，□□式知能検査（個人検査）知能指数（IQ）118　言語理解，知覚総合，注意記憶は優れているが，処理速度が弱い。

● 5／○，□□式知能検査知能偏差値（SS）44　発達ペースが遅いので個別指導や，補充学習に重点をおいた。

〔学力〕（文部科学省の全国学力・学習状況調査，各都道府県の学力調査，各区市町村の学力調査も活用できる）

項　目	記入文例
	● 2／○，国語○年標研式 CDT　総合到達状況 90%，知識・技能 80%，思考・判断・表現 100%，主体的に学習に取り組む態度 100%，知識・技能がやや劣るので支援の方策を立てる必要がある。
	● 4／○，算数○年標研式 CDT　総合到達状況 92%，知識・技能 100%，思考・判断・表現 83%，主体的に学習に取り組む態度 100%，思考・判断・表現の力をいっそう育てるように努める。
〔その他〕	
	● 6／○，□□式学習適応性検査学習適応性指数 80　心身の安定にやや課題が見られる。

〈その他，指導上特に必要な事項〉

1．通級による指導を受けていること

〔弱視〕

● 弱視のため，○○立□□小学校通級指導教室に通級。毎週○回（1 回の指導時間○時間）。拡大鏡の使用やタブレットで教材を拡大する方法を学び，各教科の基礎的・基本的事項の理解が確実になってきた。

〔難聴〕

● 難聴のため，○○立□□小学校通級指導教室に通級。毎週○回（1 回の指導時間○分）。聴能学習や補聴器の装用指導を受けて学習意欲が高まり，基礎学力が向上してきた。

〔肢体不自由での通級〕

● 車椅子での学習であるため，通級指導教室では，通常の学級での学習姿勢やコミュニケーションツールの活用方法を個別に学習した。学級の友達にも必要に応じて自ら協力を依頼できるようになった。

〔言語障害〕

● 構音指導のため，○○小学校ことばの教室（または言語通級指導教室）に通級。週○時間。正しい発音が獲得でき，今年度末で指導を終了した。

〔自閉スペクトラム症での通級〕

● 友達とのコミュニケーションを円滑にできるよう，学校のルールや人と関わるときのマナーを学習し，学級での学習活動に落ち着いて参加できるようになった。

項　目	記入文例

〔情緒障害〕

●情緒障害のため，○○立□□小学校通級指導教室に通級。毎週○回，授業時間○○時間。個別指導と小集団指導によって，障害による困難を改善，克服する意欲が育ち，徐々にではあるが，活動や運動に自分から参加するようになってきた。

〔読み書きの学習障害での通級〕

●読みの流暢性に課題があるため，通級指導教室で音声教材を活用しながら単元の予習をし，授業での理解を深めることができた。

●書くことが苦手なため，解答用紙の拡大やテストの時間延長の配慮により，評価テストに取り組むことができた。また，中学校での学習に備えてキーボード入力の練習をはじめている。

2．その他，特に指導や配慮を要すること

〔健康状態〕

●ぜん息発作のため欠席が多く，学習や根気のいる作業に努力を要した。長期に欠席が続く場合は体調を見ながらタブレット・アプリを利用した個別課題に取り組ませた。

●アトピー性皮膚炎のために，睡眠不足になりがちなので，状況により保健室で休養させた。

〔障害〕

●強度の近視のため，学習時にはルーペを使用し，印刷教材を拡大コピーするなどの配慮をした。

〔外国籍〕

●○○から編入学。父親が日本人であるため，家庭との連絡は父親を通して行う。家庭への連絡は連絡帳で行った。

〔帰国児童〕

●6月，ロンドンから編入学。イギリスに4年間在住，現地の日本人学校に通学。語学力を低下させたくないと，個人的に英語を学んでいる。国際理解学習では，イギリスでの経験を詳細に発表した。

●7月，ブラジルから編入学。日本語の会話はできるが，算数の指導では個別指導をする。学習意欲は旺盛で効果を上げている。

〔宗教関係〕

●宗教○○の関係で，給食の食材，発病やけが，遠足などの際の神社仏閣の見学や参拝などに配慮を要する。

項　目	記入文例
〔氏名変更〕	
＊改姓などの年月日など。	
〔その他〕	
＊芸能活動，スポーツ関係等で欠席がちの児童に対する配慮事項など。	
◎記入上配慮すること	
＊人権の尊重やプライバシー保護に十分留意すること。	

【⑤児童の成長の状況に関わる総合的な所見】

項　目	記入文例
1. 主に資質・能力などの成長	
●学年当初は学習活動の仕方が捉えられず，内容の理解が遅れがちであったが，徐々に理解できるようになってきた。	
●自分で問題を見付け，自分でよく考えて解決策を見いだし，友達と協力して解決しようとする問題解決の能力が育ってきた。	
●算数の少人数指導をきっかけに学ぶことの楽しさを体験し，ほかの教科に対しても学習意欲が育ってきた。	
●自己評価能力が育ち，計画的に自分なりの見通しをもって学習するようになり，思考・判断・表現の力が伸びた。	
●文字を書くことが苦手であったが，繰り返し練習するように励ましながら指導した結果，文字をなめらかに正しく「書くこと」の知識・技能が向上してきた。	
●「総合的な学習の時間」で調べ学習カードを活用したことから，理科や算数にも活用し，各教科の資質・能力が育った。	
2. 主に情緒，感情，意思の成長	
●運動会のリレーのバトンパスを班で練習し，成功したことをきっかけに自信をもつようになり，他教科の課題に対しても粘り強くやり抜くようになった。	
●学年当初は自分の思い通りにならないと，その活動を避けていたが，2学期以降は自分の役割を自覚し，活動に参加する積極性が見られるようになった。	
●1学期は，自分の考えと合わない友達とは行動を共にしない傾向があったが，交友関係をもつように活動を工夫した結果，交友関係が広がり安定しつつある。	

項　目	記入文例
	●当初は友達を独占したがっていたが，グループ活動を体験するうちに社会性が育ち，だれとでも楽しく遊べるようになった。
	●友達に対しトラブルになると手が出てしまうこともあったが，ウサギの飼育係の経験から生命を大切に思う心情が育ち，乱暴な行動がなくなった。
3.　主に行為，行動の成長	
	●「総合的な学習の時間」での高齢者との交流がきっかけとなり，人の立場で考えたり人に親切に接したりするようになった。
	●全体遠足で下級生と一緒に行動したことで，下級生に優しく接することの大切さに気付くことができた。
	●学年当初は消極的な様子が目立ったが，サッカークラブに所属したのがきっかけで，積極性やスポーツマンシップが育ってきた。
	●学習発表会でリーダーとして活躍し，協調性が高まり，また，責任感が強くなった。
4.　主に集団，社会に関わる態度の成長	
	●学年当初は，休み時間に限られた友達と遊ぶことが多かったが，「総合的な学習の時間」でのグループ活動で成就感を味わい，いろいろな友達と進んで活動する姿が見られるようになった。
	●グループ活動や異学年交流活動の経験を重ねるごとに，強く自己主張する言動が減り，学習や集団活動に協力して参加するようになってきた。
	●学年当初に比べ，集団生活に参加できるようになってきたが，基本的な生活習慣の確立に配慮を続ける必要がある。
	●班ごとの学級新聞作りを経験し，その充実感から学級の友達となごやかに明るく交われるようになった。
5.　主に体力，健康などの成長	
	●郷土料理の学習後，郷土の歴史や生産物に関心をもつようになり，給食の好き嫌いが減り，残さずに食べるようになってきた。
	●バスケットボールチームに入って，昼休みや放課後に練習するようになり，体力がつき，行動も積極的になってきた。
	●連合陸上大会でリレーの選手に選ばれ，早朝練習に積極的に取り組み，大会後も練習を続けたので体力，特に「走・跳の運動」の能力が向上した。
	●定期健康診断の結果から，近視にならないように自分で留意したり，虫歯（う歯）の治療をし，予防に努めたりするなど健康に関心をもつようになった。

項　目	記入文例
	● 身体に関する興味・関心が強く，特に性に関心をもっていたが，性に関する保健の学習後は両性の特性を理解し安定した。
6. 総合的に見られる成長	
	● 集団の一員という自覚が深まり，友達の考え方・発言の仕方などを尊重し，係や当番の役割を果たすようになった。
	● 算数の学習の振り返りカードの活用から，自己評価能力を高め，教科以外の活動でも自ら向上しようと努めていた。
	● 夏休みの地域の活動で中心となって班をまとめるなど，上級生としての自覚や態度が著しく成長した。
	● 学年当初は，全般的に消極的な態度が見られたので，多くの友達と遊ぶように指導を続けた。その結果，日々の活動にも積極性が現れ，物事に意欲的に取り組むようになった。

第11章

出欠の記録

1.「出欠の記録」の記入上の注意

　「出欠の記録」の欄は，学年末に記入することを原則とするが，転学または退学の際には，それまでの出欠の状況を記入する。

　なお，各欄に該当する日数がない場合には，空欄としないで「0」を記入する。備考欄には，「出席停止・忌引等の日数」の欄に記入した場合，欠席などの多い児童について，その理由や日数を記入する。

〈記入例〉

➡ 157 ページ＊1 参照。

学年＼区分	授業日数	出欠の記録				
		出席停止・忌引等の日数	出席しなければならない日数	欠席日数	出席日数	備　　考
1	203	0	203	4	199	欠席4（中耳炎のため）
2	208	0	208	15	193	欠席15（ぜんそくの発作のため）
3	205	3	202	0	202	忌引3（祖母死亡のため）　早退6（骨折の治療通院のため）
4	206	6	200	0	200	出停6（風疹のため）　オンラインを活用した特例の授業＊
5	208	4	204	0	204	出停4（インフルエンザによる学級閉鎖）
6	206	4	202	2	200	私立中学校受験4　欠席2（風邪のため）

＊オンラインを活用した特例の授業を実施したと校長が認める場合，原則として，2021（令和3）年4月1日以降，指導要録の指導に関する記録を別記として記録する必要がある。（14ページ参照）

2.「授業日数」欄の記入

(1) 児童の属する学年について授業を実施した年間の総日数を記入する。この授業日数は，原則として，同一学年のすべての児童につき同日数とする。

(2) 学校保健安全法第 20 条により，臨時に，学校の全部または学年の全部の休業を行うこととした日数は授業日数には含めない（インフルエンザなどで，同一学年の一部の学級が閉鎖した場合には，これに当たらない。その学級の児童については，閉鎖した日数を左ページの記入例のように「出席停止・忌引等の日数」欄に記入する）。

(3) 転学または退学等をした児童については，転学のため学校を去った日または退学等をした日までの授業日数を記入する。

(4) 転入学または編入学等をした児童については，転入学または編入学等をした日以後の授業日数を記入する。

(5) 長期休業期間中の出校日等は，教育委員会の許可を得て授業を行う場合のほかは，授業日として取り扱わない。たとえば，夏季休業期間中の児童の出校日等は，授業日として取り扱わない。

3.「出席停止・忌引等の日数」欄の記入

以下の日数を合算して記入する。

(1) 学校教育法第 35 条による出席停止日数，学校保健安全法第 19 条による出席停止日数及び感染症の予防及び感染症の患者に対する医療に関する法律第 19 条，第 20 条，第 26 条及び第 46 条による入院の場合の日数。

(2) 学校保健安全法第 20 条により，臨時に学年のなかの一部の休業を行った場合の日数。

(3) 忌引日数。生徒の忌引の日数については，学校ごとに定めることになっているが，教育委員会と連絡して規定しておくことが望ましい。

〈国家公務員一般職の場合の忌引日数の基準〉

親族	日数	親族	日数
父母	7日	おじ・おば	1日
祖父母	3日	兄弟姉妹の配偶者	1日*
兄弟姉妹	3日	おじ・おばの配偶者	1日

＊生計を一にしていた場合は3日（「人事院規則 15-14」より作成）

(4) 非常変災等児童もしくは保護者の責任に帰すことのできない事由で欠席
した場合などで，校長が出席しなくてもよいと認めた日数。

(5) その他教育上特に必要な場合で，校長が出席しなくてもよいと認めた日
数。

4. 「出席しなければならない日数」欄の記入

「授業日数」から「出席停止・忌引等」の日数を差し引いた日数を記入する。

5. 「欠席日数」欄の記入

「出席しなければならない日数」のうち，病気またはその他の事故で児童が
欠席した日数を記入する。

6. 「出席日数」欄の記入

「出席しなければならない日数」から，「欠席日数」を差し引いた日数を記入
する。

(1) 学校の教育活動の一環として児童が運動や文化などに関わる行事等に参
加したものと校長が認める場合には，出席扱いとすることができる。

(2) 不登校の児童が適応指導教室等学校外の施設において相談・指導を受
け，または自宅において IT 等を活用した学習活動を行ったとき，その
ことが当該児童の学校復帰のために適切であると校長が認める場合に
は，出席扱いとすることができる。この場合には，出席日数の内数とし
て出席扱いとし，その日数を備考欄に記入する。

7.「備考」欄の記入

「備考」欄には，次のような記入を行う。

(1) 出席停止・忌引などの日数に関する特記事項

(2) 欠席理由の主なもの

(3) 遅刻，早退などの状況

(4) 転入学した児童についての，前に在学していた学校における出欠の概要等

(5) 不登校の児童について，出席日数の内数として出席扱いとした日数並びに通所もしくは入所した学校外の施設名，または自宅において IT 等を活用した学習活動によること

〈備考欄の記入例〉

事項	記入例
出席停止・忌引等[*1]	●出停 4 日（インフルエンザによる学級閉鎖） ●出停 8 日（麻疹のため） ●忌引 3 日（祖父死亡のため） ●自宅床上浸水のため 2 日 ●私立中学校受験のため 2 日[*2]
欠席理由	●欠席 10 日（虫垂炎による入院のため） ●欠席 25 日（父の海外研修に同行のため） ●事故欠 10 日（母の郷里に帰省）
遅刻，早退等	●早退 26 日（芸能活動のため） ●遅刻 7 日（捻挫の治療通院のため）
転入学児童の前在籍校における概要等	●出席しなければならない日数 102 日，欠席 1 日，出席日数 101 日
学校外の施設での相談・指導等	●△△区教育委員会適応指導教室へ通所 12 日，出席扱いとする。

[*1] 設置者の判断で名称を変更することが可能。
　　【例】「出席停止・忌引・その他出席しなくてよいと認めた日数」や「オンラインを活用した特例の授業[※]・出席停止・忌引等」など。
　　　　※非常時にオンラインを活用した特例の授業を実施した日数（学校の全部又は学年の全部の休業を行った場合を除く）。
[*2] 出席扱いとする場合もある。

第**12**章

特別な支援が必要な子どもの指導要録の記入について

Q1 特別支援教育で求められていることは何か

A 2007年度からそれまでの「特殊教育」に代わり，「特別支援教育」がスタートした。

それまでの特殊教育では，障害種別による教育（たとえば，知的障害，肢体不自由，病弱・虚弱）であったが，特別支援教育では，「障害のある幼児児童生徒の自立や社会参加に向けた主体的な取組を支援するという視点に立ち，幼児児童生徒一人一人の教育的ニーズを把握し，その持てる力を高め，生活や学習上の困難を改善又は克服するため，適切な指導及び必要な支援を行う」ことになった。

また，特殊教育では対象とされてこなかった知的発達の遅れのない発達障害児も，特別支援教育の対象になった。ここでいう発達障害とは，学習障害（LD：Learning Disabilities），注意欠如（欠陥）多動性障害（ADHD：Attention-Deficit Hyperactivity Disorder），高機能自閉症（自閉症のうち，知的発達の遅れを伴わないもの），アスペルガー症候群（知的発達の遅れを伴わず，かつ自閉症の特徴のうち，ことばの発達の遅れを伴わないもの）などを指している。2019年の文部科学省「日本の特別支援教育の状況について」によると，2012年の文部科

学省の教師に対する調査では，小・中学校の通常の学級に在籍する特別な教育的支援を必要とする児童生徒の在籍率は6.5％程度であった。40人学級（小学校1年は35人学級，2020年度現在）では，学級に2〜3人が支援対象者になる。

　各学校では特別支援教育コーディネーターが任命され，特別支援教育コーディネーターが中心となって校内委員会を組織し，医療・福祉などの各種諸機関や特別支援学校と連携・調整したり，保護者との相談にのったりすることが求められている。また，障害のある子どもの「個別の指導計画」や「個別の教育支援計画」を特別支援教育コーディネーターが中心となり，担任や管理職と協議して作成する。「個別の指導計画」や「個別の教育支援計画」を作成するに際しては，子どもをよく観察し，適切なアセスメント（査定）や評価を行うことが大切である。

　特別支援学校は，地域における特別支援教育のセンター的機能をもち，幼稚園・小学校・中学校・高等学校等に対して巡回相談や助言を行う。

　なお，2017年版学習指導要領では，各教科・領域（道徳科除く）の指導計画の作成にあたり，新たに「障害のある児童などについては，学習活動を行う場合に生じる困難さに応じた指導内容や指導方法の工夫を計画的，組織的に行うこと」と記載されたことにも留意したい。

Q2 特別支援学級と通級による指導にはどのような種類があるか

A

　特別支援学級は，特別支援学校の対象に至らない比較的軽度の障害のある児童生徒の教育を行うために，地域の小・中学校に設置されている学級のことで，対象は，知的障害，肢体不自由，病弱・身体虚弱，弱視，難聴，学習障害，言語障害，自閉症・情緒障害の7つである。

　他方，通常の学級に籍を置き，必要に応じて別室や他の学校に設置された特別の場である通級指導教室で学ぶことを「通級による指導」という。通級による指導の対象は，言語障害，自閉症，情緒障害，弱視，難聴，学習障害，注意

欠如（欠陥）多動性障害，肢体不自由，病弱・身体虚弱の9つである。通級による指導は，1993年に制度化され，2006年からは新たに，学習障害と注意欠陥多動性障害が通級による指導の対象に加わり，自閉症が情緒障害から分離することになった。教育課程上の取扱いは，障害の改善または克服を目的とする自立活動が中心になる（年間35〜280単位時間）。

Q3 特別支援学級在籍の子どもの指導要録をどのように記入すればよいか

A 障害のある子どもに対する学習の評価の考え方は，障害のない子どもに対する学習の評価の考え方と基本的には同一であるが，障害の状態や特性などを理解して，多様な方法を用いて丁寧に評価することが大切である。

「個別の指導計画」を作成している場合，この計画に基づいて行われた指導の過程や指導の結果の評価を行うことが必要である。特別支援学級に在籍する子どもの指導に関する記録については，必要がある場合，特別支援学校小学部の指導要録に準じて作成することになっているため，特別支援学校小学部の指導要録の記入の仕方について，特別支援学級担任は熟知しておくことが望ましい。

なお，「個別の指導計画」に指導要録の指導に関する記録と共通する記載事項がある場合は，当該「個別の指導計画」の写しを指導要録の様式に添付することをもって指導要録の記入に替えることも可能となっている。

「総合所見及び指導上参考となる諸事項」については，障害のない子どもについての記入事項に加えて，知能検査・発達検査の結果や交流及び共同学習の内容，これまで行ってきた支援の内容とその結果などを記入する。

ADHDや学習障害などの障害名の記入に際しては，知能検査・発達検査や行動観察の結果を基に，専門医（小児科・児童精神科）による確定診断が行われていることが必要条件となる。医師による確定診断がない場合，障害名を記入することは，人権上の問題となるので留意されたい。「多動の傾向が見られる」

「読み書きの障害の疑いがある」といった表記に留めておくべきであろう。

　また，医療機関名や相談機関名もプライバシーの保護という観点からは，イニシャルで表記するか，記入しないという方法をとることが望ましい。

　2013 年に障害者差別解消法が制定され，さらに 2021 年には同法が改正され，国公立学校のみならず，私立学校を含めて全ての学校において合理的配慮が義務づけられた。合理的配慮とは，たとえば，「読み」の障害がある子どもに対して，プリントの漢字にルビを振る，拡大文字で印字するなどである。合理的配慮を行った内容について，「総合所見及び指導上参考となる諸事項」に記入することになる。

Q4 通級による指導を受けている子どもの指導要録をどのように記入すればよいか

A 通級による指導を受けている子どもの指導要録の記入については，障害のない子どもに対する記入の仕方と基本的には同一である。「総合所見及び指導上参考となる諸事項」において，通級による指導を受けた学校名，通級による指導の時間数，指導期間，指導の内容や結果を記入することになっている。

　また，通級による指導の対象となっていない子どもで，教育上特別な支援を必要とする場合については，必要に応じ，効果があったと考えられる指導方法や配慮事項を，「総合所見及び指導上参考となる諸事項」に記入する。

（藤岡秀樹）

【特別な支援が必要な子どもについての所見】

項　　目	記入文例

〈「総合所見及び指導上参考となる諸事項」記入文例〉

1．通常の学級に在籍しているが特別な支援を必要としている子どもの場合

〔学習面に困難がある子ども〕

- 複文での指示を聞きとることが苦手なため，1指示1行動にしたところ，よく聞いて学習に取り組むことができた。

〔行動面に困難がある子ども〕

- 着席できる時間が短いため，短時間にできる課題を積み重ねるようにしたところ，集中して取り組むことができるようになった。

〔人間関係に困難のある子ども〕

- 休み時間にトラブルになることが多かったので，簡単なルールのある遊びを設定することで，学級の友達との信頼関係が築けた。

2．通級による指導を受けている子どもの場合

〔言語障害〕

- ○○小学校△△通級指導教室に，週□時間通級（令和○年○月～○月）。構音指導を受け，サ行音の発音が明瞭になった。

〔自閉症〕

- ○○小学校△△通級指導教室に，週□時間通級（令和○年○月～○月）。学校の時間割や集団生活のルールの指導を受け，学校生活の枠組みを学んだことで安心して教室での授業を受けられるようになった。

〔情緒障害〕

- ○○小学校△△通級指導教室に，週□時間通級（令和○年○月～○月）。通級指導教室のグループ学習で，ルールのある遊びを通してゲームの勝ち負けが受け入れられるようになった。

〔弱視〕

- ○○小学校△△通級指導教室に，週□時間通級（令和○年○月～○月）。拡大教科書の読みを先取り学習することで単元の概略が分かり，気持ちにゆとりをもって教室の授業に参加ができた。

〔難聴〕

- ○○小学校△△通級指導教室に，週□時間通級（令和○年○月～○月）。聴能指導とともにFM補聴器の扱い方を指導し，通常の学級における学習参加意欲が高まった。

項　目	記入文例
〔学習障害（LD）〕	●○○小学校△△通級指導教室に，週□時間通級（令和○年○月〜○月）。書字障害のため，書くことに時間がかかるので，練習時間を十分取って書く力をつけるとともに，要点をメモして渡すなどの支援が必要である。
〔注意欠陥多動性障害（ADHD）〕	●○○小学校△△通級指導教室に，週□時間通級（令和○年○月〜○月）。自分の特性を知り，教室で着席が苦しくなったときの対処法を担任と考えて，教室内で過ごせるようになった。
〔肢体不自由〕	●○○小学校△△通級指導教室に，週□時間通級（令和○年○月〜○月）。身体機能の保持を目的としたストレッチを定期的に行い，緊張を緩和することができた。
〔病弱・身体虚弱〕	●○○小学校△△通級指導教室に，週□時間通級（令和○年○月〜○月）。手術前後に学習できなかった単元を個別指導で補充学習した。

〈特別支援学校（知的障害）小学部の指導要録の項目を参考にした記入文例〉

1. 「各教科・特別活動・自立活動の記録」欄

〔生活単元学習を行っている場合〕

●畑を耕してサツマイモを植え，草取り，水やり，収穫，調理まで根気強く作業に向き合うことができた。

〔合科的な学習を行っている場合〕

●「おおきなかぶ」のオペレッタに取り組み，せりふと歌で楽しみながら舞台発表ができた。（国語・音楽）

2. 「行動の記録」欄

〔基本的な生活習慣〕

●登校後，自分で教室に入り，連絡帳の提出やコップ・タオルの設置，かばんの片付けといった一連の動作を一人でできるようになった。

●絵カードを手がかりに，毎朝5周のランニングが習慣としてできるようになった。

3. 「総合所見及び指導上参考となる諸事項」欄

〔自閉的傾向の子ども・コミュニケーションの取りにくい子ども〕

●雑音の多い場所では苦痛を感じているため，イヤーマフやイヤホンの使用を勧めた。静かに待ってもらえる場面では自分の思いを話せるようになった。

項　目	記入文例
	〔知能・発達・認知能力検査の結果〕
	●□□式発達検査［令和○年○月○日実施，CA10；6］DQ54　療育手帳取得
	● WISC-Ⅳ式知能検査［令和○年○月○日実施，FSIQ64　VCI63　PRI58　WMI60　PSI73］操作性，空間認知能力が優れている（または「実施検査名及び結果は，個別の指導計画に記載」など）。
	〔健康状況・服薬などについて〕
	●デパケン服用。発作頻回。学校での様子，家庭での様子をノートに取り，定期的に医療機関の助言を受けた（または，「服薬等については，個別の指導計画に記載」など）。
	〔受けている医療的ケアについて〕
	●医師の指示書により，看護師のもと経管栄養実施。月1回保護者，看護師との三者相談を行った。
	〔交流及び共同学習を実施している子ども〕
	●居住地の○○小学校と年2回の交流学習を実施。

第 13 章

「幼保小連携」と指導要録

Q1 「幼保小連携」とは具体的にはどのようなことか

A 「幼保小連携」とは，文字通り「幼稚園」「保育所」そして「認定こども園」と小学校との連携のことである。

認定こども園は，2006 年 10 月からスタートした，幼稚園や保育所のうち，①就学前の子どもに幼児教育・保育を提供する機能と，②地域における子育て支援を行う機能をもった施設である（基準を満たせば，都道府県知事が認定）。国の担当機関は内閣府の「子ども・子育て本部」である。認定こども園は，保育所の特徴（保育に欠ける 0 歳から就学前までの子どもを対象：厚生労働省が関与）と幼稚園の特徴（3 歳から就学前までの子どもを対象：文部科学省が関与）を併せもっている。類型としては，①幼保連携型，②幼稚園型，③保育所型，④地方裁量型（幼稚園・保育所いずれも認可のない地域の教育・保育施設が必要な機能を果たすタイプ）がある。認定こども園の教員は，幼稚園教員免許と保育士の資格を有することが原則で，「保育教諭」と呼ばれる。

幼保小連携により，小学校入学前の子どもの状態を把握しておくことは，入学後の指導に際して有益である。たとえば，注意欠如（欠陥）多動性障害（ADHD）などの発達障害の診断があれば，それに応じた指導体制（教員加配や

特別支援教育支援員の配置など）や合理的配慮を整えることが可能である。医師による確定診断がなくても，発達障害の疑いがあれば，同様の対応が必要である。また，幼稚園や保育所，認定こども園の教員や保育士が「ちょっと気になる子」と感じている場合，小学校入学後，学習活動がスタートすると，学業不振や学習障害（LD）の状況が顕在化することもあるので，情報交換は必要である。

　連携の具体的なあり方としては，4点挙げられる。第1に，小学校の教員が幼稚園や保育所，認定こども園の教育・保育活動を参観し，入学予定者の様子を観察するとともに，保育の形態についても理解しておく。第2に，幼稚園や保育所，認定こども園の教員や保育士が，卒園した子どもが小学校でどのように過ごしているのか，授業を参観し，子どもの担任と意見交換をする。第3に，小学校の教員が幼稚園や保育所，認定こども園から送られてきた指導要録を4月冒頭にしっかりと読み，特別な支援を必要とする子どもがいる場合，出身園と連絡を取り，当該児の情報を得ることである。指導要録のスペースには限りがあり，詳細な子どもの情報は記載できないので，面談して情報を得ることが大切である。第4に，生活科での交流である。学習指導要領生活科の「内容の取扱い」では，「具体的な活動や体験を行うに当たっては，身近な幼児や高齢者，障害のある児童生徒などの多様な人々と触れあうことができるようにすること」と記載されており，幼稚園や保育所，認定こども園に出かけていって，幼児と交流することが多く見られる。

　2008（平成20）年版学習指導要領では，生活科に「スタートカリキュラム」が登場した。これは，幼児教育と小学校の教育を接続させることで，いわゆる「小1プロブレム」を回避できることを目指したカリキュラムである。生活科を中心に，各教科の単元を関連させながら学習すること（合科・関連的指導）や弾力的な時間割の設定を意図している。また，5歳児後半の保育では，小学校の教育との接続性をもった内容を扱うことを推奨している。

　なお，2017年版学習指導要領生活科の「指導計画の作成」では，新たに「幼稚園教育要領等に示す幼児期の終わりまでに育ってほしい姿との関連を考慮すること」と記載されたことにも留意しておきたい。

Q2 幼稚園・保育所・認定こども園の指導要録の特徴は何か

A それぞれの固有の特徴と共通する面について述べておこう。

1. 幼稚園幼児指導要録

　幼稚園の指導要録は，正式には「幼稚園幼児指導要録」と呼ばれ，小学校児童指導要録と同様に，「学籍に関する記録」と「指導に関する記録」から成っている。「指導に関する記録」には，「指導の重点等」「指導上参考となる事項」「出欠の状況」「備考」の 4 つの欄がある。

　「指導の重点等」では，①学年の重点と②個人の重点がある。①には，年度当初に教育課程に基づき長期の見通しとして設定したものを記入し，②には，1 年間を振り返って，当該幼児の指導について特に重視してきた点を記入する。

　「指導上参考となる事項」では，①1 年間の指導の過程と幼児の発達の姿と②次の年度の指導に必要と考えられる配慮事項について記入する。①では，1 つには幼稚園教育要領に定める 5 領域 (健康，人間関係，環境，言葉，表現) のねらいを視点として，当該幼児の発達の実情から向上が著しいと思われるものと，2 つには幼稚園生活を通して全体的，総合的に捉えた幼児の発達の姿を文章で記入する。各領域ともに，ねらい (発達を捉える視点) は 3 つずつ挙げられている。前者については，他の幼児との比較や一定の基準に対する達成度についての評定によって捉えるものではないことが留意点である。そして，幼児の健康状況等指導上特に留意する必要がある場合は，これについて記入する。

　「備考」では，教育課程に関わる教育時間の終了後等に行う教育活動を行っている場合には，必要に応じて当該教育活動を通した幼児の発達を記入する。

　また，別様式として「幼稚園幼児指導要録 (最終学年の指導に関する記録)」がある。「幼児期の終わりまでに育ってほしい姿」が 10 項目挙げられている。記入に際しての留意点としては，「特に小学校等における児童の指導に生かされるよう，幼稚園教育要領第 1 章総則に示された『幼児期の終わりまでに育ってほしい姿』を活用して幼児に育まれている資質・能力を捉え，指導の過程と育

ちつつある姿を分かりやすく記入する」ことが求められている。

2. 保育所児童保育要録

　保育所の指導要録は，正式には「保育所児童保育要録」と呼ばれ，「入所に関する記録」と「保育に関する記録」から成っている。「保育に関する記録」欄の名称が，今次の改訂で大きく変わった。当該欄は，「保育の過程と子どもの育ちに関する事項」と「最終年度に至るまでの育ちに関する事項」で構成されている。

　「保育の過程と子どもの育ちに関する事項」では，「最終年度の重点」「個人の重点」「保育の展開と子どもの育ち」「特に配慮すべき事項」の4つの欄がある。

　「最終年度の重点」では，年度当初に，全体的な計画に基づき長期の見通しとして設定したものを記入する。

　「個人の重点」では，1年間を振り返って，子どもの指導について特に重視してきた点を記入する。

　「保育の展開と子どもの育ち」では，最終年度の1年間の保育における指導の過程と子どもの発達の姿（保育所保育指針第2章「保育の内容」に示された各領域のねらいを視点として，子どもの発達の実情から向上が著しいと思われるもの）を，保育所の生活を通して全体的，総合的に捉えて記入する。あわせて，就学後の指導に必要と考えられる配慮事項等について記入する。5領域と各領域の3つのねらいは，幼稚園幼児指導要録と同一である。

　「特に配慮すべき事項」では，子どもの健康状況等，就学後の指導において配慮が必要なこととして，特記すべき事項がある場合に記入する。

　「最終年度に至るまでの育ちに関する事項」では，子どもの入所時から最終年度に至るまでの育ちに関し，最終年度における保育の過程と子どもの育ちの姿を理解する上で，特に重要と考えられることを記入する。

3. 幼保連携型認定こども園園児指導要録

　認定こども園の指導要録は，正式には「幼保連携型認定こども園園児指導要

録」と呼ばれ，「学籍等に関する記録」と「指導等に関する記録」から成っている。「指導等に関する記録」には，「指導の重点等」「指導上参考となる事項」「出欠状況」「満 3 歳未満の園児に関する記録」の 4 つの欄がある。

　「指導の重点等」では，①学年の重点と②個人の重点がある。①には，年度当初に教育課程に基づき長期の見通しとして設定したものを記入し，②には，1 年間を振り返って，当該幼児の指導について特に重視してきた点を記入する。

　「指導上参考となる事項」では，①1 年間の指導の過程と園児の発達の姿と②次の年度の指導に必要と考えられる配慮事項等について記入する。①では，1 つには幼保連携型認定こども園教育・保育要領に示された養護に関する事項を踏まえ，第 2 章 3 の「ねらい及び内容」に示された各領域のねらいを視点として，当該園児の発達の実情から向上が著しいと思われるものと，2 つには園生活を通して全体的，総合的に捉えた園児の発達の姿を記入する。前者の記入に際しては，他の園児との比較や一定の基準に対する達成度についての評定によって捉えるものではないことに留意する。「指導上参考となる事項」の「特に配慮すべき事項」では，園児の健康の状況等，指導上特記すべき事項がある場合に記入する。

　「満 3 歳未満の園児に関する記録」では「園児の育ちに関する事項」欄となっており，当該園児の，次の年度の指導に特に必要と考えられる育ちに関する事項や配慮事項，健康の状況等の留意事項等について記入する。

　幼稚園・保育所・認定こども園の指導要録に共通する特徴としては，小学校の指導要録と比べると，数値的評価（評定）を用いない点である。幼稚園教育要領や保育所保育指針に目を通し，小学校における教科学習との関連性を把握することが大切であり，「スタートカリキュラム」を作成する際にも，有益になる。幼稚園教育要領に示される 5 領域のうち，「健康」は体育と，「環境」は生活科，理科，算数などと，「言葉」は国語と，「表現」は図画工作や音楽と関連性が強いといえるだろう。

（藤岡秀樹）

【幼稚園幼児指導要録（指導に関する記録）の一部（記入例）】

ふりがな	さとう　ひな				指導の重点等	令和元年度

氏名	佐藤　陽菜
生年月日	平成 25 年 12 月 15 日生
性別	女

	ねらい（発達を捉える視点）	指導の重点等	令和元年度
健康	明るく伸び伸びと行動し，充実感を味わう。 自分の体を十分に動かし，進んで運動しようとする。 健康，安全な生活に必要な習慣や態度を身に付け，見通しをもって行動する。	指導上参考となる事項	（学年の重点） 友達の気持ちも大切にしながら，集団活動を楽しむ。 （個人の重点） 様々な活動に自分から関わり，そのおもしろさや満足感を感じ取っていく。 ○進級当初，自分の気持ちを出せず友達の遊びを傍観していることが多かったため，教師が一緒に活動するよう心がけたところ，徐々に自分から友達と関わり，気持ちを表せるようになってきた。 ○自分の好む活動には集中して取り組むが，経験の少ないことには消極的な姿が見られた。教師がやり方を丁寧に説明し寄り添うことで，いろいろな活動に興味を広げてきている。 ○運動会でリレーの選手に選ばれたことで自信をつけ，サッカーなど苦手な運動にも挑戦しようとする意欲的な姿が見られるようになった。 ○周りから認められたことが意欲や自信につながっている。今後とも，自信をもって生活できるよう支援が必要である。
人間関係	幼稚園生活を楽しみ，自分の力で行動することの充実感を味わう。 身近な人と親しみ，関わりを深め，工夫したり，協力したりして一緒に活動する楽しさを味わい，愛情や信頼感をもつ。 社会生活における望ましい習慣や態度を身に付ける。		
環境	身近な環境に親しみ，自然と触れ合う中で様々な事象に興味や関心をもつ。 身近な環境に自分から関わり，発見を楽しんだり，考えたりし，それを生活に取り入れようとする。 身近な事象を見たり，考えたり，扱ったりする中で，物の性質や数量，文字などに対する感覚を豊かにする。		
言葉	自分の気持ちを言葉で表現する楽しさを味わう。 人の言葉や話などをよく聞き，自分の経験したことや考えたことを話し，伝え合う喜びを味わう。 日常生活に必要な言葉が分かるようになるとともに，絵本や物語などに親しみ，言葉に対する感覚を豊かにし，先生や友達と心を通わせる。		
表現	いろいろなものの美しさなどに対する豊かな感性をもつ。 感じたことや考えたことを自分なりに表現して楽しむ。 生活の中でイメージを豊かにし，様々な表現を楽しむ。		

出欠状況		29 年度	30 年度	令和元年度	年度	備考	出席停止 5（風疹） 欠席 4（発熱）
	教育日数		194	195			
	出席日数		191	186			

170

巻末資料
【各教科・各学年の評価の観点及びその趣旨】

〈国　語〉

観点	知識・技能	思考・判断・表現	主体的に学習に取り組む態度
趣旨	日常生活に必要な国語について，その特質を理解し適切に使っている。	「話すこと・聞くこと」，「書くこと」，「読むこと」の各領域において，日常生活における人との関わりの中で伝え合う力を高め，自分の思いや考えを広げている。	言葉を通じて積極的に人と関わったり，思いや考えを広げたりしながら，言葉がもつよさを認識しようとしているとともに，言語感覚を養い，言葉をよりよく使おうとしている。
第1学年及び第2学年	日常生活に必要な国語の知識や技能を身に付けているとともに，我が国の言語文化に親しんだり理解したりしている。	「話すこと・聞くこと」，「書くこと」，「読むこと」の各領域において，順序立てて考える力や感じたり想像したりする力を養い，日常生活における人との関わりの中で伝え合う力を高め，自分の思いや考えをもっている。	言葉を通じて積極的に人と関わったり，思いや考えをもったりしながら，言葉がもつよさを感じようとしているとともに，楽しんで読書をし，言葉をよりよく使おうとしている。
第3学年及び第4学年	日常生活に必要な国語の知識や技能を身に付けているとともに，我が国の言語文化に親しんだり理解したりしている。	「話すこと・聞くこと」，「書くこと」，「読むこと」の各領域において，筋道立てて考える力や豊かに感じたり想像したりする力を養い，日常生活における人との関わりの中で伝え合う力を高め，自分の思いや考えをまとめている。	言葉を通じて積極的に人と関わったり，思いや考えをまとめたりしながら，言葉がもつよさに気付こうとしているとともに，幅広く読書をし，言葉をよりよく使おうとしている。
第5学年及び第6学年	日常生活に必要な国語の知識や技能を身に付けているとともに，我が国の言語文化に親しんだり理解したりしている。	「話すこと・聞くこと」，「書くこと」，「読むこと」の各領域において，筋道立てて考える力や豊かに感じたり想像したりする力を養い，日常生活における人との関わりの中で伝え合う力を高め，自分の思いや考えを広げている。	言葉を通じて積極的に人と関わったり，思いや考えを広げたりしながら，言葉がもつよさを認識しようとしているとともに，進んで読書をし，言葉をよりよく使おうとしている。

〈社 会〉

観点	知識・技能	思考・判断・表現	主体的に学習に取り組む態度
趣旨	地域や我が国の国土の地理的環境，現代社会の仕組みや働き，地域や我が国の歴史や伝統と文化を通して社会生活について理解しているとともに，様々な資料や調査活動を通して情報を適切に調べまとめている。	社会的事象の特色や相互の関連，意味を多角的に考えたり，社会に見られる課題を把握して，その解決に向けて社会への関わり方を選択・判断したり，考えたことや選択・判断したことを適切に表現したりしている。	社会的事象について，国家及び社会の担い手として，よりよい社会を考え主体的に問題解決しようとしている。
第3学年	身近な地域や市区町村の地理的環境，地域の安全を守るための諸活動や地域の産業と消費生活の様子，地域の様子の移り変わりについて，人々の生活との関連を踏まえて理解しているとともに，調査活動，地図帳や各種の具体的資料を通して，必要な情報を調べまとめている。	地域における社会的事象の特色や相互の関連，意味を考えたり，社会に見られる課題を把握して，その解決に向けて社会への関わり方を選択・判断したり，考えたことや選択・判断したことを表現したりしている。	地域における社会的事象について，地域社会に対する誇りと愛情をもつ地域社会の将来の担い手として，主体的に問題解決しようとしたり，よりよい社会を考え学習したことを社会生活に生かそうとしたりしている。
第4学年	自分たちの都道府県の地理的環境の特色，地域の人々の健康と生活環境を支える働きや自然災害から地域の安全を守るための諸活動，地域の伝統と文化や地域の発展に尽くした先人の働きなどについて，人々の生活との関連を踏まえて理解しているとともに，調査活動，地図帳や各種の具体的資料を通して，必要な情報を調べまとめている。	地域における社会的事象の特色や相互の関連，意味を考えたり，社会に見られる課題を把握して，その解決に向けて社会への関わり方を選択・判断したり，考えたことや選択・判断したことを表現したりしている。	地域における社会的事象について，地域社会に対する誇りと愛情をもつ地域社会の将来の担い手として，主体的に問題解決しようとしたり，よりよい社会を考え学習したことを社会生活に生かそうとしたりしている。
第5学年	我が国の国土の地理的環境の特色や産業の現状，社会の情報化と産業の関わりについて，国民生活との関連を踏まえて理解しているとともに，地図帳や地球儀，統計などの各種の基礎的資料を通して，情報を適切に調べまとめている。	我が国の国土や産業の様子に関する社会的事象の特色や相互の関連，意味を多角的に考えたり，社会に見られる課題を把握して，その解決に向けて社会への関わり方を選択・判断したり，考えたことや選択・判断したことを説明したり，それらを基に議論したりしている。	我が国の国土や産業の様子に関する社会的事象について，我が国の国土に対する愛情をもち産業の発展を願う国家及び社会の将来の担い手として，主体的に問題解決しようとしたり，よりよい社会を考え学習したことを社会生活に生かそうとしたりしている。

172

観点	知識・技能	思考・判断・表現	主体的に学習に取り組む態度
第6学年	我が国の政治の考え方と仕組みや働き，国家及び社会の発展に大きな働きをした先人の業績や優れた文化遺産，我が国と関係の深い国の生活やグローバル化する国際社会における我が国の役割について理解しているとともに，地図帳や地球儀，統計や年表などの各種の基礎的資料を通して，情報を適切に調べまとめている。	我が国の政治と歴史及び国際理解に関する社会的事象の特色や相互の関連，意味を多角的に考えたり，社会に見られる課題を把握して，その解決に向けて社会への関わり方を選択・判断したり，考えたことや選択・判断したことを説明したり，それらを基に議論したりしている。	我が国の政治と歴史及び国際理解に関する社会的事象について，我が国の歴史や伝統を大切にして国を愛する心情をもち平和を願い世界の国々の人々と共に生きることを大切にする国家及び社会の将来の担い手として，主体的に問題解決しようとしたり，よりよい社会を考え学習したことを社会生活に生かそうとしたりしている。

〈算　数〉

観点	知識・技能	思考・判断・表現	主体的に学習に取り組む態度
趣旨	・数量や図形などについての基礎的・基本的な概念や性質などを理解している。 ・日常の事象を数理的に処理する技能を身に付けている。	日常の事象を数理的に捉え，見通しをもち筋道を立てて考察する力，基礎的・基本的な数量や図形の性質などを見いだし統合的・発展的に考察する力，数学的な表現を用いて事象を簡潔・明瞭・的確に表したり目的に応じて柔軟に表したりする力を身に付けている。	数学的活動の楽しさや数学のよさに気付き粘り強く考えたり，学習を振り返ってよりよく問題解決しようとしたり，算数で学んだことを生活や学習に活用しようとしたりしている。
第1学年	・数の概念とその表し方及び計算の意味を理解し，量，図形及び数量の関係についての理解の基礎となる経験を積み重ね，数量や図形についての感覚を豊かにしている。 ・加法及び減法の計算をしたり，形を構成したり，身の回りにある量の大きさを比べたり，簡単な絵や図などに表したりすることなどについての技能を身に付けている。	ものの数に着目し，具体物や図などを用いて数の数え方や計算の仕方を考える力，ものの形に着目して特徴を捉えたり，具体的な操作を通して形の構成について考えたりする力，身の回りにあるものの特徴を量に着目して捉え，量の大きさの比べ方を考える力，データの個数に着目して身の回りの事象の特徴を捉える力などを身に付けている。	数量や図形に親しみ，算数で学んだことのよさや楽しさを感じながら学ぼうとしている。

観点	知識・技能	思考・判断・表現	主体的に学習に取り組む態度
第2学年	・数の概念についての理解を深め，計算の意味と性質，基本的な図形の概念，量の概念，簡単な表とグラフなどについて理解し，数量や図形についての感覚を豊かにしている。 ・加法，減法及び乗法の計算をしたり，図形を構成したり，長さやかさなどを測定したり，表やグラフに表したりすることなどについての技能を身に付けている。	数とその表現や数量の関係に着目し，必要に応じて具体物や図などを用いて数の表し方や計算の仕方などを考察する力，平面図形の特徴を図形を構成する要素に着目して捉えたり，身の回りの事象を図形の性質から考察したりする力，身の回りにあるものの特徴を量に着目して捉え，量の単位を用いて的確に表現する力，身の回りの事象をデータの特徴に着目して捉え，簡潔に表現したり考察したりする力などを身に付けている。	数量や図形に進んで関わり，数学的に表現・処理したことを振り返り，数理的な処理のよさに気付き生活や学習に活用しようとしている。
第3学年	・数の表し方，整数の計算の意味と性質，小数及び分数の意味と表し方，基本的な図形の概念，量の概念，棒グラフなどについて理解し，数量や図形についての感覚を豊かにしている。 ・整数などの計算をしたり，図形を構成したり，長さや重さなどを測定したり，表やグラフに表したりすることなどについての技能を身に付けている。	数とその表現や数量の関係に着目し，必要に応じて具体物や図などを用いて数の表し方や計算の仕方などを考察する力，平面図形の特徴を図形を構成する要素に着目して捉えたり，身の回りの事象を図形の性質から考察したりする力，身の回りにあるものの特徴を量に着目して捉え，量の単位を用いて的確に表現する力，身の回りの事象をデータの特徴に着目して捉え，簡潔に表現したり適切に判断したりする力などを身に付けている。	数量や図形に進んで関わり，数学的に表現・処理したことを振り返り，数理的な処理のよさに気付き生活や学習に活用しようとしている。

観点	知識・技能	思考・判断・表現	主体的に学習に取り組む態度
第4学年	・小数及び分数の意味と表し方，四則の関係，平面図形と立体図形，面積，角の大きさ，折れ線グラフなどについて理解している。 ・整数，小数及び分数の計算をしたり，図形を構成したり，図形の面積や角の大きさを求めたり，表やグラフに表したりすることなどについての技能を身に付けている。	数とその表現や数量の関係に着目し，目的に合った表現方法を用いて計算の仕方などを考察する力，図形を構成する要素及びそれらの位置関係に着目し，図形の性質や図形の計量について考察する力，伴って変わる二つの数量やそれらの関係に着目し，変化や対応の特徴を見いだして，二つの数量の関係を表や式を用いて考察する力，目的に応じてデータを収集し，データの特徴や傾向に着目して表やグラフに的確に表現し，それらを用いて問題解決したり，解決の過程や結果を多面的に捉え考察したりする力などを身に付けている。	数学的に表現・処理したことを振り返り，多面的に捉え検討してよりよいものを求めて粘り強く考えたり，数学のよさに気付き学習したことを生活や学習に活用しようとしたりしている。
第5学年	・整数の性質，分数の意味，小数と分数の計算の意味，面積の公式，図形の意味と性質，図形の体積，速さ，割合，帯グラフなどについて理解している。 ・小数や分数の計算をしたり，図形の性質を調べたり，図形の面積や体積を求めたり，表やグラフに表したりすることなどについての技能を身に付けている。	数とその表現や計算の意味に着目し，目的に合った表現方法を用いて数の性質や計算の仕方などを考察する力，図形を構成する要素や図形間の関係などに着目し，図形の性質や図形の計量について考察する力，伴って変わる二つの数量やそれらの関係に着目し，変化や対応の特徴を見いだして，二つの数量の関係を表や式を用いて考察する力，目的に応じてデータを収集し，データの特徴や傾向に着目して表やグラフに的確に表現し，それらを用いて問題解決したり，解決の過程や結果を多面的に捉え考察したりする力などを身に付けている。	数学的に表現・処理したことを振り返り，多面的に捉え検討してよりよいものを求めて粘り強く考えたり，数学のよさに気付き学習したことを生活や学習に活用しようとしたりしている。

観点	知識・技能	思考・判断・表現	主体的に学習に取り組む態度
第6学年	・分数の計算の意味，文字を用いた式，図形の意味，図形の体積，比例，度数分布を表す表などについて理解している。 ・分数の計算をしたり，図形を構成したり，図形の面積や体積を求めたり，表やグラフに表したりすることなどについての技能を身に付けている。	数とその表現や計算の意味に着目し，発展的に考察して問題を見いだすとともに，目的に応じて多様な表現方法を用いながら数の表し方や計算の仕方などを考察する力，図形を構成する要素や図形間の関係などに着目し，図形の性質や図形の計量について考察する力，伴って変わる二つの数量やそれらの関係に着目し，変化や対応の特徴を見いだして，二つの数量の関係を表や式，グラフを用いて考察する力，身の回りの事象から設定した問題について，目的に応じてデータを収集し，データの特徴や傾向に着目して適切な手法を選択して分析を行い，それらを用いて問題解決したり，解決の過程や結果を批判的に考察したりする力などを身に付けている。	数学的に表現・処理したことを振り返り，多面的に捉え検討してよりよいものを求めて粘り強く考えたり，数学のよさに気付き学習したことを生活や学習に活用しようとしたりしている。

〈理　科〉

観点	知識・技能	思考・判断・表現	主体的に学習に取り組む態度
趣旨	自然の事物・現象についての性質や規則性などについて理解しているとともに，器具や機器などを目的に応じて工夫して扱いながら観察，実験などを行い，それらの過程や得られた結果を適切に記録している。	自然の事物・現象から問題を見いだし，見通しをもって観察，実験などを行い，得られた結果を基に考察し，それらを表現するなどして問題解決している。	自然の事物・現象に進んで関わり，粘り強く，他者と関わりながら問題解決しようとしているとともに，学んだことを学習や生活に生かそうとしている。
第3学年	物の性質，風とゴムの力の働き，光と音の性質，磁石の性質，電気の回路，身の回りの生物及び太陽と地面の様子について理解しているとともに，器具や機器などを正しく扱いながら調べ，それらの過程や得られた結果を分かりやすく記録している。	物の性質，風とゴムの力の働き，光と音の性質，磁石の性質，電気の回路，身の回りの生物及び太陽と地面の様子について，観察，実験などを行い，主に差異点や共通点を基に，問題を見いだし，表現するなどして問題解決している。	物の性質，風とゴムの力の働き，光と音の性質，磁石の性質，電気の回路，身の回りの生物及び太陽と地面の様子についての事物・現象に進んで関わり，他者と関わりながら問題解決しようとしているとともに，学んだことを学習や生活に生かそうとしている。
第4学年	空気，水及び金属の性質，電流の働き，人の体のつくりと運動，動物の活動や植物の成長と環境との関わり，雨水の行方と地面の様子，気象現象及び月や星について理解しているとともに，器具や機器などを正しく扱いながら調べ，それらの過程や得られた結果を分かりやすく記録している。	空気，水及び金属の性質，電流の働き，人の体のつくりと運動，動物の活動や植物の成長と環境との関わり，雨水の行方と地面の様子，気象現象及び月や星について，観察，実験などを行い，主に既習の内容や生活経験を基に，根拠のある予想や仮説を発想し，表現するなどして問題解決している。	空気，水及び金属の性質，電流の働き，人の体のつくりと運動，動物の活動や植物の成長と環境との関わり，雨水の行方と地面の様子，気象現象及び月や星についての事物・現象に進んで関わり，他者と関わりながら問題解決しようとしているとともに，学んだことを学習や生活に生かそうとしている。
第5学年	物の溶け方，振り子の運動，電流がつくる磁力，生命の連続性，流れる水の働き及び気象現象の規則性について理解しているとともに，観察，実験などの目的に応じて，器具や機器などを選択して，正しく扱いながら調べ，それらの過程や得られた結果を適切に記録している。	物の溶け方，振り子の運動，電流がつくる磁力，生命の連続性，流れる水の働き及び気象現象の規則性について，観察，実験などを行い，主に予想や仮説を基に，解決の方法を発想し，表現するなどして問題解決している。	物の溶け方，振り子の運動，電流がつくる磁力，生命の連続性，流れる水の働き及び気象現象の規則性についての事物・現象に進んで関わり，粘り強く，他者と関わりながら問題解決しようとしているとともに，学んだことを学習や生活に生かそうとしている。

観点	知識・技能	思考・判断・表現	主体的に学習に取り組む態度
第6学年	燃焼の仕組み，水溶液の性質，てこの規則性，電気の性質や働き，生物の体のつくりと働き，生物と環境との関わり，土地のつくりと変化及び月の形の見え方と太陽との位置関係について理解しているとともに，観察，実験などの目的に応じて，器具や機器などを選択して，正しく扱いながら調べ，それらの過程や得られた結果を適切に記録している。	燃焼の仕組み，水溶液の性質，てこの規則性，電気の性質や働き，生物の体のつくりと働き，生物と環境との関わり，土地のつくりと変化及び月の形の見え方と太陽との位置関係について，観察，実験などを行い，主にそれらの仕組みや性質，規則性，働き，関わり，変化及び関係について，より妥当な考えをつくりだし，表現するなどして問題解決している。	燃焼の仕組み，水溶液の性質，てこの規則性，電気の性質や働き，生物の体のつくりと働き，生物と環境との関わり，土地のつくりと変化及び月の形の見え方と太陽との位置関係についての事物・現象に進んで関わり，粘り強く，他者と関わりながら問題解決しようとしているとともに，学んだことを学習や生活に生かそうとしている。

〈生　活〉

観点	知識・技能	思考・判断・表現	主体的に学習に取り組む態度
趣旨	活動や体験の過程において，自分自身，身近な人々，社会及び自然の特徴やよさ，それらの関わり等に気付いているとともに，生活上必要な習慣や技能を身に付けている。	身近な人々，社会及び自然を自分との関わりで捉え，自分自身や自分の生活について考え，表現している。	身近な人々，社会及び自然に自ら働きかけ，意欲や自信をもって学ぼうとしたり，生活を豊かにしたりしようとしている。

〈音　楽〉

観点	知識・技能	思考・判断・表現	主体的に学習に取り組む態度
趣旨	・曲想と音楽の構造などとの関わりについて理解している。 ・表したい音楽表現をするために必要な技能を身に付け，歌ったり，演奏したり，音楽をつくったりしている。	音楽を形づくっている要素を聴き取り，それらの働きが生み出すよさや面白さ，美しさを感じ取りながら，聴き取ったことと感じ取ったこととの関わりについて考え，どのように表すかについて思いや意図をもったり，曲や演奏のよさなどを見いだし，音楽を味わって聴いたりしている。	音や音楽に親しむことができるよう，音楽活動を楽しみながら主体的・協働的に表現及び鑑賞の学習活動に取り組もうとしている。

観点	知識・技能	思考・判断・表現	主体的に学習に取り組む態度
第1学年及び第2学年	・曲想と音楽の構造などとの関わりについて気付いている。 ・音楽表現を楽しむために必要な技能を身に付け，歌ったり，演奏したり，音楽をつくったりしている。	音楽を形づくっている要素を聴き取り，それらの働きが生み出すよさや面白さ，美しさを感じ取りながら，聴き取ったことと感じ取ったこととの関わりについて考え，どのように表すかについて思いをもったり，曲や演奏の楽しさを見いだし，音楽を味わって聴いたりしている。	音や音楽に親しむことができるよう，音楽活動を楽しみながら主体的・協働的に表現及び鑑賞の学習活動に取り組もうとしている。
第3学年及び第4学年	・曲想と音楽の構造などとの関わりについて気付いている。 ・表したい音楽表現をするために必要な技能を身に付け，歌ったり，演奏したり，音楽をつくったりしている。	音楽を形づくっている要素を聴き取り，それらの働きが生み出すよさや面白さ，美しさを感じ取りながら，聴き取ったことと感じ取ったこととの関わりについて考え，どのように表すかについて思いや意図をもったり，曲や演奏のよさなどを見いだし，音楽を味わって聴いたりしている。	音や音楽に親しむことができるよう，音楽活動を楽しみながら主体的・協働的に表現及び鑑賞の学習活動に取り組もうとしている。
第5学年及び第6学年	・曲想と音楽の構造などとの関わりについて理解している。 ・表したい音楽表現をするために必要な技能を身に付け，歌ったり，演奏したり，音楽をつくったりしている。	音楽を形づくっている要素を聴き取り，それらの働きが生み出すよさや面白さ，美しさを感じ取りながら，聴き取ったことと感じ取ったこととの関わりについて考え，どのように表すかについて思いや意図をもったり，曲や演奏のよさなどを見いだし，音楽を味わって聴いたりしている。	音や音楽に親しむことができるよう，音楽活動を楽しみながら主体的・協働的に表現及び鑑賞の学習活動に取り組もうとしている。

〈図画工作〉

観点	知識・技能	思考・判断・表現	主体的に学習に取り組む態度
趣旨	・対象や事象を捉える造形的な視点について自分の感覚や行為を通して理解している。 ・材料や用具を使い，表し方などを工夫して，創造的につくったり表したりしている。	形や色などの造形的な特徴を基に，自分のイメージをもちながら，造形的なよさや美しさ，表したいこと，表し方などについて考えるとともに，創造的に発想や構想をしたり，作品などに対する自分の見方や感じ方を深めたりしている。	つくりだす喜びを味わい主体的に表現及び鑑賞の学習活動に取り組もうとしている。
第1学年及び第2学年	・対象や事象を捉える造形的な視点について自分の感覚や行為を通して気付いている。 ・手や体全体の感覚などを働かせ材料や用具を使い，表し方などを工夫して，創造的につくったり表したりしている。	形や色などを基に，自分のイメージをもちながら，造形的な面白さや楽しさ，表したいこと，表し方などについて考えるとともに，楽しく発想や構想をしたり，身の回りの作品などから自分の見方や感じ方を広げたりしている。	つくりだす喜びを味わい楽しく表現したり鑑賞したりする学習活動に取り組もうとしている。
第3学年及び第4学年	・対象や事象を捉える造形的な視点について自分の感覚や行為を通して分かっている。 ・手や体全体を十分に働かせ材料や用具を使い，表し方などを工夫して，創造的につくったり表したりしている。	形や色などの感じを基に，自分のイメージをもちながら，造形的なよさや面白さ，表したいこと，表し方などについて考えるとともに，豊かに発想や構想をしたり，身近にある作品などから自分の見方や感じ方を広げたりしている。	つくりだす喜びを味わい進んで表現したり鑑賞したりする学習活動に取り組もうとしている。
第5学年及び第6学年	・対象や事象を捉える造形的な視点について自分の感覚や行為を通して理解している。 ・材料や用具を活用し，表し方などを工夫して，創造的につくったり表したりしている。	形や色などの造形的な特徴を基に，自分のイメージをもちながら，造形的なよさや美しさ，表したいこと，表し方などについて考えるとともに，創造的に発想や構想をしたり，親しみのある作品などから自分の見方や感じ方を深めたりしている。	つくりだす喜びを味わい主体的に表現したり鑑賞したりする学習活動に取り組もうとしている。

〈家　庭〉

観点	知識・技能	思考・判断・表現	主体的に学習に取り組む態度
趣旨	日常生活に必要な家族や家庭，衣食住，消費や環境などについて理解しているとともに，それらに係る技能を身に付けている。	日常生活の中から問題を見いだして課題を設定し，様々な解決方法を考え，実践を評価・改善し，考えたことを表現するなどして課題を解決する力を身に付けている。	家族の一員として，生活をよりよくしようと，課題の解決に主体的に取り組んだり，振り返って改善したりして，生活を工夫し，実践しようとしている。

〈体　育〉

観点	知識・技能	思考・判断・表現	主体的に学習に取り組む態度
趣旨	各種の運動の行い方について理解しているとともに，基本的な動きや技能を身に付けている。また，身近な生活における健康・安全について実践的に理解しているとともに，基本的な技能を身に付けている。	自己の運動の課題を見付け，その解決のための活動を工夫しているとともに，それらを他者に伝えている。また，身近な生活における健康に関する課題を見付け，その解決を目指して思考し判断しているとともに，それらを他者に伝えている。	運動の楽しさや喜びを味わうことができるよう，運動に進んで取り組もうとしている。また，健康を大切にし，自己の健康の保持増進についての学習に進んで取り組もうとしている。
第1学年及び第2学年	各種の運動遊びの行い方について知っているとともに，基本的な動きを身に付けている。	各種の運動遊びの行い方を工夫しているとともに，考えたことを他者に伝えている。	各種の運動遊びの楽しさに触れることができるよう，各種の運動遊びに進んで取り組もうとしている。
第3学年及び第4学年	各種の運動の行い方について知っているとともに，基本的な動きや技能を身に付けている。また，健康で安全な生活や体の発育・発達について理解している。	自己の運動の課題を見付け，その解決のための活動を工夫しているとともに，考えたことを他者に伝えている。また，身近な生活における健康の課題を見付け，その解決のための方法を工夫しているとともに，考えたことを他者に伝えている。	各種の運動の楽しさや喜びに触れることができるよう，各種の運動に進んで取り組もうとしている。また，健康の大切さに気付き，自己の健康の保持増進についての学習に進んで取り組もうとしている。

観点	知識・技能	思考・判断・表現	主体的に学習に取り組む態度
第5学年及び第6学年	各種の運動の行い方について理解しているとともに，各種の運動の特性に応じた基本的な技能を身に付けている。また，心の健康やけがの防止，病気の予防について理解しているとともに，健康で安全な生活を営むための技能を身に付けている。	自己やグループの運動の課題を見付け，その解決のための活動を工夫しているとともに，自己や仲間の考えたことを他者に伝えている。また，身近な健康に関する課題を見付け，その解決のための方法や活動を工夫しているとともに，自己や仲間の考えたことを他者に伝えている。	各種の運動の楽しさや喜びを味わうことができるよう，各種の運動に積極的に取り組もうとしている。また，健康・安全の大切さに気付き，自己の健康の保持増進や回復についての学習に進んで取り組もうとしている。

〈外国語〉

観点	知識・技能	思考・判断・表現	主体的に学習に取り組む態度
趣旨	・外国語の音声や文字，語彙，表現，文構造，言語の働きなどについて，日本語と外国語との違いに気付き，これらの知識を理解している。 ・読むこと，書くことに慣れ親しんでいる。 ・外国語の音声や文字，語彙，表現，文構造，言語の働きなどの知識を，聞くこと，読むこと，話すこと，書くことによる実際のコミュニケーションにおいて活用できる基礎的な技能を身に付けている。	・コミュニケーションを行う目的や場面，状況などに応じて，身近で簡単な事柄について，聞いたり話したりして，自分の考えや気持ちなどを伝え合っている。 ・コミュニケーションを行う目的や場面，状況などに応じて，音声で十分慣れ親しんだ外国語の語彙や基本的な表現を推測しながら読んだり，語順を意識しながら書いたりして，自分の考えや気持ちなどを伝え合っている。	外国語の背景にある文化に対する理解を深め，他者に配慮しながら，主体的に外国語を用いてコミュニケーションを図ろうとしている。

編著者

藤岡秀樹 　　　京都橘大学教授・京都教育大学名誉教授

執筆者

浅井正秀 　　　東京都葛飾区教育委員会学校経営アドバイザー

井島由紀美 　　東京都荒川区立第二日暮里小学校教諭

小川和美 　　　東京都葛飾区小中一貫教育校高砂けやき学園
　　　　　　　　葛飾区立高砂小学校校長

尾高正浩 　　　千葉県千葉市立轟町小学校校長

桂　大輔 　　　東京都葛飾区立木根川小学校主幹教諭

木間東平 　　　東京都葛飾区立柴又小学校校長

齋藤　等 　　　東京都渋谷区立神南小学校校長

柴田さきえ 　　東京都中野区立桃園第二小学校主任教諭

滝谷晃彦 　　　東京都葛飾区立住吉小学校校長

中村　圭 　　　東京都葛飾区立東水元小学校主幹教諭

西垣恭子 　　　東京都墨田区立東吾嬬小学校主任教諭

鋒山智子 　　　社会福祉法人花ノ木児童発達支援センター副センター長

（五十音順）

編著者紹介

藤岡秀樹（ふじおか ひでき）

京都橘大学教授・京都教育大学名誉教授
学校心理士・臨床発達心理士・特別支援教育士

主な著書に，『学力・能力・適性の評価と指導』（単著，法政出版，1994 年），『教員志望学生のための特別支援教育ハンドブック』（共著，クリエイツかもがわ，2012 年），『臨床発達心理学の基礎　第 2 版』（単著，ミネルヴァ書房，2016 年），『生徒指導・進路指導』（共著，ミネルヴァ書房，2020 年），『中学・高校教師になるための教育心理学　第 4 版』（共編著，有斐閣，2020 年）など多数

新3観点　小学校 新指導要録
記入文例 1000

2021 年 3 月 25 日　第 1 刷発行
2023 年 2 月 10 日　第 2 刷発行

編著者　藤岡秀樹
発行者　河野晋三
発行所　株式会社 日本標準
　　　　〒 350-1221　埼玉県日高市下大谷沢 91-5
　　　　電話　04-2935-4671
　　　　FAX　050-3737-8750
　　　　https://www.nipponhyojun.co.jp/

印刷・製本　株式会社 リーブルテック